마음이 모여 운명이 된다

Original Japanese title: IKIRU CHIKARA
By Kazuo Inamori, edited by Kagoshima University Inamori Academy
Copyright © 2017 KYOCERA Corporation
Original Japanese edition published by PRESIDENT Inc.
Korean translation rights arranged with PRESIDENT Inc.
through The English Agency (Japan) Ltd. and BC Agency

이 책의 한국어 판 저작권은 BC에이전시를 통해
저작권자와 독점계약을 맺은 ㈜쌤앤파커스에 있습니다.
저작권법에 의해 한국 내에서 보호를 받는 저작물이므로
무단전재와 복제를 금합니다.

마음이 모여 운명이 된다

· 인생을 살아가는 힘에 대하여 ·

이나모리 가즈오 · 유윤한 옮김

쌤앤파커스

들어가는 말

나는 1932년에 태어났습니다. 당시는 지금 젊은 분들이 상상하기 어려울 정도로 가난하고 힘든 시대였습니다. 제가 태어나고 자랐던 가고시마에서도 제대로 된 집에서 사는 사람들이 거의 없었고, 먹을 것도 부족해 끼니를 거르는 일이 많았습니다. 하지만 그런 환경 속에서도 결코 활력을 잃어버리지는 않았습니다. 오히려 어떻게 해서든 살아남으려고 당장 자신이 할 수 있는 일에 필사적으로 매달렸습니다. 나도 부모님을 도와 소주와 소금 만드는 일에 땀을 흘렸습니다. 아직 중학생이었지만, 가족이 먹을 양식을 구하는 데 한몫을 단단히 했지요.

어려운 시절이었지만, 그것을 견디고 극복하게 해준 것

은 '살아가려는 힘'이었습니다. 그것을 바탕으로 모두가 열심히 애쓴 결과, 이제 눈부신 번영과 경제성장을 이뤄냈다고 생각합니다. 지금 이 책을 읽고 있는 독자 여러분은 풍요로운 시대에 태어난 분들이 많을 것입니다. 먹을 것이 부족해 굶어본 적도 없고, 갖고 싶은 것이 있으면 부모님이 척척 사주는 물질적으로 더없이 풍요로운 시대 속에서 살아가고 있지 않습니까? 아무래도 역경에 도전하고 장애를 뛰어넘어 창의적인 일을 하려는 기풍이 비교적 부족한 시대입니다.

더 이상 부족한 것이 없기 때문에 새로운 일에 손을 대기보다는 현재에 안주하려고만 합니다. 그렇기 때문에 일본에서는 '초식남'이나 '유토리 세대'(1980년대 후반부터 10년이 지나는 사이에 태어난 아이들로, '유토리'는 여유를 뜻한다. 창의성을 중시하는 여유 있는 교육을 받았으나 지금은 학력 저하 세대를 가리키는 말로 쓰이고 있다.-옮긴이)라 불릴 만큼 상냥하고 여유롭지만, 도전하고 개척하려는 활력은 부족한 사람들이 많지 않을까요?

물론 사람이 살아가는 데 상냥한 마음은 꼭 필요합니다. 하지만 그것만으로는 어려움을 넘어설 활력이 솟질 않습니다. 활력 없는 기업은 시장경쟁에서 도태되고 맙니다. 국가도 마찬가지입니다. 활력이 없으면 글로벌 경쟁에서 쇠퇴할 수밖에 없습니다. 시대가 크게 변해 경제환경은 급속히 바뀌고 기술 혁신 속도도 나날이 빨라지고 있습니다. 이런 혼돈 속에서야말로 흔들리지 않고 환경에 지지 않을 수 있는 강한 정신, '이까짓 것쯤이야' 하고 달려드는 '투쟁심'이 필요합니다.

풍요로움이 넘치는 현대 사회는 헝그리정신을 바탕으로 한 투쟁심을 기르기 어려운 상황입니다. 하지만 미래를 담당해야 할 젊은이라면 스스로 나아가 투쟁심을 발휘할 상황을 찾아야 합니다. 편안함에 안주하지 말고 어려운 일에 도전하겠다는 결의에 찬 행동이 필요합니다. 물론 이런 모험이 누구에게나 가능한 것은 아닙니다. 우선 책을 읽어서라도 헝그리정신이 무엇인지를 배우고 익힐 필요가 있습니다.

예전에는 비참하고 어려운 환경이 오히려 계기가 되어 그것을 이겨내려는 활력을 불러일으킬 수 있었습니다. 하지만 모든 것이 풍요로운 시대에 젊은이들을 격려하려면 새로운 방법이 필요하다고 생각합니다. 젊은 사람들의 정신에 어려움을 떨치고 일어날 힘을 심어주기 위한 기회를 만드는 것도 사회 전체가 생각해보아야 할 문제가 아닐까요?

이 책은 모교 가고시마대학교에서 열린 심포지엄에서 했던 강연과 질의응답, 그리고 패널 토론을 바탕으로 만들었습니다. 사랑하는 후배를 격려하는 마음으로 펴내는 이 책이, 미래를 짊어지고 갈 젊은이들에게 예전처럼 다시 한 번 '살아가려는 힘'을 불러일으켜줄 계기가 된다면 좋겠습니다. 높은 뜻을 품고 인생의 길을 걸어갈 때 나침반이 될 수 있다면 저자로서 더할 나위 없이 기쁠 것입니다.

교세라 명예회장 **이나모리 가즈오**

| 차례 |

4 들어가는 말

제1장 지금 그대들에게 전하고 싶은 말

15 인생을 결정하는 것은 마음속에 품은 생각
16 인간성과 인격, 상황과 환경을 만드는 '생각'
18 풍요로운 문명사회는 생각이 쌓여 만들어진 것
20 마음속에 공존하는 이기심과 이타심
23 이타심을 발휘하려면 수고로움이 필요하다
26 결코 흔들리지 않는 신념을 향해 나아간다
27 순수하고 아름다운 마음으로 포기하지 않고 생각하면 따라오는 성공
30 교세라를 글로벌기업으로 성장시킨 비결
33 왜 경험도 지식도 없이 통신 사업에 뛰어들었는가
35 JAL 재건과 이타심의 세 가지 의의
40 교세라도, KDDI도, JAL도 성공의 시작은 생각
43 [이나모리 가즈오와 청년들의 대담①]

제2장 사람은 무엇을 위해 사는가

- 59 서브프라임 문제에서 시작된 금융위기
- 61 금융위기를 일으킨 인간의 욕망
- 63 채집에서 농경으로의 전환
- 65 대량 생산, 대량 소비, 대량 폐기
- 68 근대의 물질문명이 사라진다면
- 70 인류는 정말 생존할 수 있을까
- 72 계속 욕망을 좇아도 좋은가
- 74 욕망을 다스리는 것이 인류의 명제
- 76 결국 삶의 본질은 이기심과 이타심의 공존
- 78 마음속으로 생각한 대로 이루어진다
- 80 이해득실을 떠나 선악으로 판단한다
- 81 이기심이라는 두더지를 잡는 양심이라는 방망이
- 83 배려하는 마음을 강하게 키우라
- 85 [이나모리 가즈오와 청년들의 대담②]

제3장 자신의 길을 개척하는 6가지 방법

- 95 멋지게 열매 맺는 인생을 살기 위해
- 97 ❶ 누구에게도 지지 않을 정도로 노력한다
- 100 ❷ 겸허하게, 교만하지 않게 행동한다

102 ❸ 매일 반성하며 돌아본다
106 ❹ 살아 있는 것에 감사한다
110 ❺ 이타심에서 비롯된 착한 행동으로 덕을 쌓는다
115 ❻ 지나치게 감성적인 고민을 하지 않는다

제4장 일에 철학을 불어넣는다

121 어떤 생각을 하는지에 따라 달라지는 인생
123 사고방식을 바꾸기 전까지 불운의 연속이었던 인생
126 연구에 몰두했더니 인생만사가 술술 풀리다
131 지식도 경험도 없이 마음의 좌표축으로 정한 것
135 다이니덴덴이 성공한 단 한 가지 이유
139 원리원칙을 끝까지 지킨다
142 마지막에 남는 것은 세상을 위해, 다른 사람을 위해
144 인생 방정식
148 어떤 생각을 취하든 그 결과는 자신이 책임져야 한다
153 [이나모리 가즈오와 청년들의 대담③]

제5장 20대 때 알아두어야 할 경영 12원칙

165 사회인으로 살아가는 데 필요한 원리원칙
167 ❶ 사업의 목적과 의의를 명확히 한다

169 ❷ 구체적인 목표를 세운다
172 ❸ 강렬한 소망을 지속적으로 마음에 품는다
177 ❹ 누구에게도 지지 않을 노력을 한다
180 ❺ 매출은 최대한으로, 경비는 최소한으로
183 ❻ 가격 결정이 경영이다
186 ❼ 경영이란 강한 의지로 결단을 내리는 것이다
189 ❽ 불타는 투혼을 가진다
190 ❾ 용기를 내서 일을 처리한다
193 ❿ 항상 창조적으로 일한다
196 ⓫ 배려하는 마음으로 성실히 일한다
199 ⓬ 항상 밝고 긍정적으로, 꿈과 희망을 품고 솔직한 마음을 가진다

제6장 이나모리 필로소피의 힘

205 이나모리 연구가 패널 토론(가고시마대학교 이나모리 아카데미)

250 **끝맺는 말** 가고시마대학교 이나모리 아카데미의 도전

제1장
지금 그대들에게 전하고 싶은 말

인생을 결정하는 것은
마음속에 품은 생각

지금까지 84년을 살아오면서 크게 깨달은 사실 한 가지가 있습니다. 마음에 어떤 '생각'을 품고 있는지가 인생 그 자체를 결정한다는 것입니다. 나는 이를 뒷받침하는 사건을 몇 번이나 경험했습니다. 생각이 인생을 결정한다는 것이야말로 진리 중의 진리라고 확신합니다. 이때 생각이란 이성적인 판단을 넘어선 훨씬 소중한 것입니다. 나는 우리가 인생을 살아가는 데 이보다 더 큰 힘을 발휘하는 것도 없다고 믿습니다.

이 책을 펼친 독자 가운데 성공한 인생을 살려면 좋은 성적과 좋은 머리가 중요하다고 생각하는 분도 있을 것입니다. 물론 어느 정도 맞는 이야기입니다. 하지만 마음에 어떤 생각을 품고 있는지가 인생을 살아가는 데 훨씬 더 중요합니다.

인간성과 인격, 상황과 환경을 만드는 '생각'

생각은 인간이 관여하는 모든 것의 출발점이자 기본이지만, 많은 사람이 이를 알아차리지 못하고 있습니다. 생각이 얼마나 중요한지는 두 가지 측면에서 알 수 있습니다. 첫 번째는 우리가 하루하루 살아가면서 마음에 품고 있는 생각이 쌓여 우리의 인간성, 사람됨, 인격을 만든다는 사실입니다.

'나만 좋으면 된다' 같은 제멋대로이고 인정머리 없는 생각을 계속 마음에 품고 있으면 생각 그대로 인정머리 없고 이기적인 인간성, 사람됨, 인격을 가지게 됩니다. 이와 달리 늘 남을 배려하겠다는 생각을 마음에 품고 있으면 자기도 모르는 사이에 차츰 배려심이 넘치는 인간성, 사람됨, 인격을 갖추게 될 것입니다. 생각이란 그 정도로 크게 우리 삶에 영향을 끼칩니다.

생각이 해내는 역할에는 또 하나 중요한 것이 있습니다. 생각은 한 사람이 하루하루 살면서 만나는 상황과 환경을 만들어냅니다. 바꾸어 말해, 생각이 모여 그 사람의 운명을 만든다고 할 수 있습니다.

이와 관련해 지금부터 100년 전 영국에 살았던 계몽사상가 제임스 앨런의 말을 인용합니다.

인간은 생각의 주인공이고
인격의 저자이며
환경과 운명의 설계자이다.

지금 내 주변에서 무슨 일이 일어나고, 어떤 상황에 처해 있는가? 이 역시 내가 지금까지 마음에 품어온 생각이 모인 것입니다. "나는 비참한 운명을 타고난 사람이다"라고 비뚤어진 생각을 하며 하늘을 원망해봤자 아무 의미도 없습니다. 그런 비참한 운명은 다른 누군가가 강요한 것도, 자연이 가져다준 것도 아니라 바로 나 자신의 생각이 만들어낸 것이기 때문입니다. 가족과의 관계, 이웃과의 관계, 동료들과의 관계 등 모든 인간관계에도 자신의 마음이 반영됩니다. "내 주변에는 심술궂은 사람, 사기 치는 사람, 못된 짓 하는 사람만 있어"라고 불평하는 사람이 있다면, 이 역시 자기 자신의 마음이 반영된 결과임을 알아야 합니다.

많은 성인들과 현자들도 표현만 다르지 같은 이야기를 하고 있습니다. 그런데도 현대인들은 자신이 품고 있는 생각에 그토록 강력한 힘이 숨어 있다는 사실을 믿지 않습니다. 하지만 믿지 않는다 해도 실제로 인생의 결과나 인간관계 등 모든 것은 자신의 '생각'대로 만들어지고 있습니다.

풍요로운 문명사회는
생각이 쌓여 만들어진 것

독자 여러분도 잘 알고 있듯이 지금부터 약 250년 전 일어난 산업혁명을 계기로 인류는 근대적 문명사회를 일구기 시작했습니다. 그런데 이 역사적인 사건이야말로 인류의 생각으로부터 시작된 것입니다.

원래 인류는 열매를 줍고 짐승을 사냥하고 물고기를 잡

는 수렵채집 생활을 하며 자연과 더불어 살아왔습니다. 하지만 지금으로부터 약 1만 년 전쯤부터 스스로 도구를 만들어 곡물을 재배하고 가축을 기르는 농경 목축 시대를 열어가기 시작했습니다. 그리고 약 250년 전 산업혁명이 일어났습니다. 증기기관이란 획기적인 기계를 만들어 여러 가지 제품을 대량 생산할 수 있게 된 것입니다. 이후 인류는 발견과 발명을 거듭해 눈부신 과학기술 발전과 오늘날의 훌륭한 문명사회를 이루었습니다.

기나긴 인류의 역사에서 단 250년이라는 짧은 기간 동안 인류는 풍요로운 문명사회를 이루어낼 수 있었습니다. 어떻게 이 정도까지 과학기술이 발달할 수 있었던 것일까요? 그것은 인간이 원래 가지고 있었던 생각이란 것이 기초가 되었기 때문입니다.

사람은 누구든 '이렇게 하고 싶다' '이런 것이 있으면 편리하겠다' '이런 게 가능하다면…'이란 생각을 늘 마음에 품게 되어 있습니다. 예를 들면 걷거나 뛰거나 하는 것에 대하여 '좀 더 빠르고 편리하게 이동할 방법은 없을까'라는 생각을 하게 되고, 더 나아가 '새로운 탈것이 있다면 좋겠다'는 상상도 하게 됩니다. 그리고 이런 꿈 같은 생각이 강력한 동기가 되어 인간은 결국 마음속에 그려오던 것을 만들어내고야 맙니다.

    물론 그 과정에는 무수한 시행착오가 따릅니다. 하지만 포기하지 않고 도전한 몇몇 사람들이 자전거를 만들고 자동차를 만들고 비행기를 만들었습니다. 이런 기계를 만들어 내려면 머리로 계산하고 설계하고 연구해야 하지만, 발단은 마음속에 문득 떠오른 생각입니다. 보통은 생각나는 대로 말하지 말라고 하면서 문득 떠오른 생각을 가볍게 여기기 쉽습니다. 하지만 이런 생각이야말로 아주 중요합니다. 어느 날 문득 떠오른 생각이 발견과 발명의 원동력이 되어 오늘날의 과학기술을 만들어냈다고 믿습니다.

    대부분 인간의 행동은 우선은 마음에 어떤 생각을 품는 것으로부터 시작됩니다. 사람들은 그냥 떠오르는 생각은 대수롭지 않은 것으로 보기도 하지만, 사실 그 어떤 것이든 우리가 마음에 품는 생각만큼 중요한 것도 없습니다.

마음속에 공존하는
이기심과 이타심

생각이 싹을 틔우는 밭인 인간의 마음에 대해 이야기하려

합니다. 내가 보기에 우리 마음은 두 가지 측면으로 이루어져 있습니다.

첫 번째는 '나만 좋으면 된다'는 욕망으로 가득 찬 이기심입니다. 인간이 생명을 이어가려면 밥을 먹어야 하고, 추위를 막아줄 옷도 입어야 하고, 비바람을 피할 집도 갖고 있어야 합니다. 사람이 살아가는 데 필요한 욕망을 일반적으로 '본능'이라고 합니다만, 이런 본능을 기초로 나만 좋으면 된다는 이기심은 누구든 가지고 있습니다.

우리 마음이 지닌 또 하나의 측면은 '다른 사람을 돕고 싶다' 혹은 '다른 사람들에게 친절하게 대하고 싶다'는 이타심입니다. 이타심이란 말 그대로 다른 사람의 이익을 꾀하는 마음입니다. 사람은 누구든 이기적인 마음뿐만 아니라 이처럼 상냥하게 다른 사람을 배려하는 이타적인 마음도 가지고 있습니다. 누구든 마음속에 이타심과 이기심을 동시에 품고 있는 법입니다. 그중 어느 쪽이 자신의 마음에서 큰 비중을 차지하는가가 중요합니다.

두 가지 마음이 항상 싸우는 상태를 노래한 유명한 시인이 있습니다. 아시아인 최초로 노벨 문학상을 수상한 인도의 타고르입니다. 그는 이렇게 노래했습니다.

나는 그냥 혼자 신을 찾아갔습니다.
하지만 그곳엔 이미 또 하나의 내가 있더군요.
은밀한 어둠 속에 있던 나는 도대체 누구일까요?
나는 이 사람을 피하려고 옆길로 슬쩍 빠졌지만
그에게서 도망칠 수 없었답니다.
그는 큰길을 누비며 지면에 먼지를 불러일으키고
내가 조용히 속삭인 말을 몇 번이고 크게 떠들어댑니다.
그는 내 속의 비천하고 상스러운 나, 즉 에고입니다.
주여, 그는 부끄러움을 모릅니다.
하지만, 나는 너무도 부끄럽습니다.
이처럼 비천하고 상스러운 나를 데리고, 당신 앞에 온 것이.

타고르, 《기탄잘리》에서

타고르가 이 시에서 그려내고자 했던 것은 이타적이고 상냥하며 배려심 넘치는 자아가 어둡고 심술궂고 화를 잘 내는 이기적인 자아와 마음속에서 불편하게 동거하는 모습입니다. 나 자신은 가능하면 상냥하고 아름다운 마음으로 살아가려 하지만, 어둡고 추한 또 하나의 마음이 절대로 떨어져 나가지 않고 따라오며 설쳐댑니다. 서로 다른 두 개의 자아는 하나의 마음속에 동거하고 있기 때문에 본질적으로 떨어지기 어려운 것입니다. 타고르는 이 사실을 깨닫고 신 앞에서 부끄러워하고 있습니다.

이타심을 발휘하려면 수고로움이 필요하다

나만 좋으면 된다는 이기심을 억누르고 이타심을 발휘하려면 어떻게 해야 할까요? 앞서 소개한 영국 계몽사상가 제임스 앨런은 인간의 마음을 정원에 비유합니다.

> 사람의 마음은 정원과 같습니다.
> 지적으로 잘 경작될 수 있는가 하면
> 그냥 방치될 수도 있습니다.
> 어떤 경우든 마음의 정원에는
> 반드시 무언가 자라날 것입니다.
> 만일 당신이 아름다운 꽃씨를 뿌리고
> 정성껏 가꾸지 않는다면
> 이곳에선 곧 잡초만 무성하게 될 것입니다.
> 훌륭한 정원사는 땅을 갈고 잡초를 뽑고

아름다운 꽃의 씨를 뿌린 뒤

그 씨앗이 잘 자랄 수 있도록 계속 돌봅니다.

마찬가지로 우리도 멋진 인생을 살고 싶다면

마음 정원에서 흙을 파고

그곳에 있는 어둡고 잘못된 생각들을 뽑아버린 뒤

깨끗하고 바른 생각을 심어

잘 자랄 수 있도록 계속 돌보아야 합니다.

제임스 앨런, 《생각하는 대로》에서

인간의 마음은 스스로 품을 들여 돌보아야 합니다. 그대로 두면 잡초가 무성하게 자라는 정원과 같기 때문입니다. 제임스 앨런은 이 시에서 멋진 꽃이 피는 정원처럼 아름다운 마음을 가지려면 항상 마음의 상태를 잘 관찰하고, 문제는 없는지 확인하고, 수고를 들여 가꾸어야 한다고 했습니다.

잡초가 무성한 마음으로 인생을 살아가면 그 사람의 인격은 비뚤어지고 심술궂은 성격이 되어버리고 맙니다. 그런 나쁜 성격을 가진 사람에게는 그 인간성에 걸맞게 파란만장하고 곤란한 일들이 연달아 일어납니다. 이와 달리 아름다운 마음으로 살아가는 사람은 멋진 인격을 갖추게 되고, 동시에 그 사람 주위에는 그런 인격에 걸맞은 멋진 일이 생깁니다. 하는 일도 순조롭게 풀리고, 회사도 번창하고, 풍요롭고 평화로운 가정이 유지됩니다. 마음에 품은 생각만큼이나 멋지게 환경도 차츰 변해가는 것이지요. 생각의 힘이란 그 정도로 위대합니다.

지금 이 책을 펼쳐 든 독자 여러분은 자신의 일이나 공부에 누구보다 힘쓰고 있으리라 생각합니다. 물론 그것도 중요한 일입니다만, 더욱 소중한 것은 마음을 돌보고 정리하는 것입니다. 우리는 '나만 좋으면 괜찮아'라는 이기적이고 비뚤어진 마음을 억누르고 배려심 넘치는 아름답고 이타적인 마음이 힘을 얻도록 자신의 마음을 열심히 보살펴야 합니다.

종교인들이 수행이나 고행을 하는 것도 이처럼 자신의 마음을 가꾸는 일입니다. 엄격한 수련을 통해 자신을 단련하는 과정에서 이기적이고 비뚤어진 마음을 버리고 마음을 깨끗하게 닦습니다. 그런데 마음을 아름답고 깨끗하게 가꾸는 일은 종교인만이 아니라 비 종교인도 마땅히 해야 할 일입니다. 지금 나를 이렇게 살아가도록 만든 나 자신의 마음을 돌보고 가꾸는 것이 얼마나 중요한지를 깨닫고, 생각을 만들어내는 토대인 '마음'을 아름답게 하려고 노력해야 합니다.

결코 흔들리지 않는
신념을 향해 나아간다

순수하고 아름다운 생각을 품는 것에 더해 또 한 가지 해야 할 일이 있습니다. 그것은 강렬한 소망을 마음에 품고 생각을 '신념'으로 끌어올리는 것입니다. '이렇게 하고 싶다' '저렇게 하고 싶다' 하는 생각을 마음에 품으면 반드시 실현할 수 있습니다. 하지만 그것이 가능하려면 하나의 생각을 자나 깨나 강렬하게 마음에 품어야 합니다.

 나는 어떤 일이든 행하기 전에 우선 '이렇게 하고 싶다' '저렇게 하고 싶다' 하는 생각부터 마음에 품습니다. 대부분은 어느 날 문득 떠오른 생각이지만, 어찌 되었든 그것을 반드시 이루겠다는 강렬한 소망을 품는 순간부터 그것은 신념이 됩니다. 동양사상의 대가인 야스오카 마사히로는 이를 지식知識, 견식見識, 담식胆識이라는 말로 설명합니다.

 인간은 살아가기 위해 여러 가지 지식을 익힐 필요가 있습니다. 하지만 지식을 갖춘 것만으로는 실제로 아무런 도움이 되질 않습니다. 지식을 '이렇게 해야만 한다'는 신념으로까지 끌어올려 견식으로 만드는 과정이 필요하기 때문입니다. 그런데 야스오카 선생은 이 정도로도 충분하지 않고, 여기서 한 걸음 더 나아가야 한다고 주장합니다. 즉, '무슨 일이 있어도 해낸다'는 강렬한 소망이 뒷받침되어야 하는데, 이 경지를 담식이라 불렀습니다.

아무리 생각해도 불가능해 보이는 일을 하려고 한다면, 주변으로부터 "그게 가능할 리 없잖아?"라는 소리를 듣게 될 것입니다. 하지만 여기서 포기하면 결국 아무 일도 해내지 못하고 맙니다. 성공하는 사람들은 이런 말에도 흔들리지 않고 '누가 뭐래도 난 그 일을 해내고 싶어'라는 강렬한 신념을 품습니다. 그리고 열심히 머리를 써서 '과연 어떻게 하면 이룰 수 있을까' 하고 전략과 전술을 짭니다.

순수하고 아름다운 마음으로
포기하지 않고 생각하면 따라오는 성공

'실현하기 어렵지 않을까'라는 의심을 뿌리 뽑지 않으면 생각을 현실로 만드는 것은 불가능합니다. 생각을 실현하려면 의심을 조금이라도 품으면 안 됩니다.

대부분 사람은 이렇게 하고 싶다는 생각이 들어도 곧 '이러이러해서 아무래도 안 될 것 같아'라고 소극적인 생각을 하기 시작합니다. 하지만 '이렇게 되었으면 좋겠다'는 생각이 이루어지려면, 그것을 바라는 마음에 조금이라도 구름이 끼면 곤란합니다. 특히 무언가 새로운 것이나 곤란한 일에 달려들 때일수록 '이건 어려워'라고 생각하면 그 일은 성취되지 않습니다. 반드시 성취해야 한다는 강한 생각으로 밀고 나가야 합니다.

아는 척하며 나서기 좋아하는 사람들이 "그렇게 생각은 할 수 있겠지만 현실에선 어렵지"라고 말하는 것을 자주 봅니다. 하지만 생각을 현실로 이루려는 사람들은 이처럼 부정적이고 소극적인 말은 결코 입 밖에 내지 말아야 합니다. 이런 의심이 고개를 쳐든 순간 곧 마음에서 지워버리려 노력해야 합니다. 오직 자신의 가능성을 믿고 실현 순간을 포기하지 않고 계속 생각하는 것만으로도 충분합니다.

사람의 생각은 상상도 하기 어려울 만큼 강력한 힘을 가지고 있습니다. 따라서 생각하는 것 자체가 무슨 도움이 될까 걱정할 필요는 없습니다. 우선은 의심을 버리고 누가 뭐라고 하든 이루어보고 싶다는 강렬한 생각을 품는 것이 무엇보다 중요합니다. 그렇게 하면 생각은 반드시 실현된다고 나는 믿습니다.

생각의 실현에 대해 훌륭하게 설명했던 나카무라 덴푸

라는 사상가가 있습니다. 지금으로부터 100년 전쯤 인도에서 요가 수행을 하고 깨달음을 얻은 후 일본에서 은행 경영 등에 관여하며 여러 가지 사업에 성공한 사람입니다. 나카무라 선생은 다음과 같이 생각의 소중함을 이야기하고 있습니다.

> 새로운 계획의 성취는
> 단지 불요불굴의 한결같은 마음에 있으니
> 그렇다면 오직 그것만을 생각하리
> 기품 있고 강하고 흔들리지 않는 자세로

조금 예스러운 표현이라 젊은 세대들에겐 낯설게 들릴 수도 있습니다. 이 말은 자신이 세운 계획을 성공시키기거나 마음에 품고 있는 생각을 실현하고 싶으면 '불요불굴', 어떤 일이 있어도 포기하지 않는 마음으로 필사적인 노력을 기울여야 한다는 뜻입니다.

다른 것은 아무것도 생각하지 마십시오. 나는 이렇게 하고 싶다는 '하나의 지점'으로 생각을 모으고 한결같이 그것만을 생각하십시오. 기품 있고 강한 마음, 즉 순수하고 아름다운 마음으로 흔들리지 말고 계속 생각하십시오. 그렇게 되면 성공은 자연스럽게 따라옵니다.

    나는 젊은 시절 나카무라 선생의 사상에 크게 감명을 받고 이것을 회사 경영에 적용했습니다. 그의 말을 마음에 깊이 새기고, 사원들에게도 계속 들려주었습니다. 그러자 사원들 역시 이에 크게 공감해 열심히 분발했습니다. 그 결과, 맨손으로 일으킨 기업이 오늘날의 교세라로 성장했고, KDDI라는 대기업도 만들어냈으며, 망해가는 JAL을 재건할 수 있었습니다.

교세라를 글로벌기업으로 성장시킨 비결

앞에서 언급한 세 회사의 경영에서 인간의 생각이 얼마나 큰 힘을 발휘했는지 이야기하려 합니다.

    나는 1955년에 가고시마대학교 공학부를 졸업했습니다. 당시 공학부는 이시키伊敷에 있었습니다. 학교 건물은 군인들이 막사로 쓰던 목조 건물이었습니다. 대학을 졸업한 직후엔 교토의 오래된 세라믹 제조회사에 취직했습니다. 그런데 이 회사는 당시 재정이 너무 나빠 도산 직전이라 월급도 제날짜에 주지 못할 정도였습니다. 금세 그만두고 싶다는 생각이 들었지만, 딱히 이직할 만한 회사가 없었기 때문에 월급도 받지 못하면서 주어진 연구에 매달리는 수밖에 없었습니다.

당시 회사 연구실에는 기계나 기구도 충분하지 않았습니다. 열악하고 조잡하기 그지없는 연구 시설이었습니다. 그런데 바로 그런 곳에서 그때까지 일본에는 없었던 파인세라믹스 fine ceramics의 재료 개발에 달려들었습니다. 당시 내 연구 경력이나 실력으로 감당하기 벅찬 과제였습니다. 하지만 포기하지 않고 실험실에서 밥까지 해 먹고 잠도 자면서 새로운 파인세라믹스 재료를 어떻게든 개발하겠다고 매달렸습니다. 자신의 능력 이상의 목표를 향해 포기하지 않고 노력을 거듭한 것이지요.

일본에는 참고할 만한 것이 없었기 때문에 미국에서 나오는 세라믹 관련 학회지를 구해서 읽었습니다. 그 책에서 소개하고 있는 최첨단 연구자료를 몇 번이고 되풀이해서 읽으며 그것을 바탕으로 실험을 거듭했습니다. 어떻게든 미국보다 앞서보겠다는 생각 하나로 달려들었습니다.

물론 처음엔 회사에서 시키는 대로 일을 했을 뿐입니다. 하지만 차츰 '무슨 일이 있어도 이루어보겠다'는 생각을 마음에 품게 되었습니다. 그리고 더 나아가 '내가 하고 있는 이 연구로 쓰러져 가는 회사와 동료들을 구하겠다'는 한 차원 높은 생각까지 가지게 되었습니다. 그 결과 일본 최초, 세계에서 두 번째로 새로운 파인세라믹스 재료를 합성하는 데 성공했습니다.

무슨 일이 있어도 어떻게든 이루겠다는 강한 생각, 그리고 회사와 동료들을 구하겠다는 선한 생각을 가지고 연구개발에 전력을 쏟은 결과, 누가 보아도 어려운 일을 훌륭하게 이루어낼 수 있었습니다.

교세라를 창업한 뒤에도 그와 같은 생각을 가지고 계속 새로운 재료와 제품을 개발하고, 새로운 사업을 만들어갔습니다. 모든 일이 실현될 수 있었던 것은 어떻게든 좋은 회사를 만들겠다는 강한 생각을 포기하지 않고 전력을 다해 노력했기 때문입니다.

뛰어난 능력을 가졌다고 할 수 없는 내가 경영자가 되어, 교세라를 연간 약 1조 5,000억 엔의 매출을 자랑하는 글로벌기업으로 키울 수 있었던 것은 강한 생각과 포기하지 않는 노력 덕분이었습니다.

왜 경험도 지식도 없이
통신 사업에 뛰어들었는가

현재 'au'라는 브랜드로 휴대전화 사업에 손을 대고 있는 KDDI도 나의 순수한 생각으로부터 생겨난 회사입니다. 지금부터 30여 년 전 막 50대로 접어들었을 때, 전기통신사업에는 경험도 지식도 없었던 내가 일본전신전화공사(현재의 NTT)에 도전장을 내밀었습니다.

    당시 통신 업계는 NTT란 회사 하나가 독점하고 있었기 때문에 요금이 아주 비쌌습니다. 어느 날 문득 어떻게든 국민의 통신요금 부담을 줄여주고 싶다는 생각이 강하게 들었습니다.

    하지만 아직 교세라의 규모가 그다지 크지 않았을 때라 거대한 NTT에 도전장을 내미는 것은 누가 보아도 무리한 일이었습니다. 하지만 국민이 내는 통신요금을 좀 더 낮추어주고 싶은 마음이 간절했기 때문에, 통신 사업을 성공시키겠다는 생각을 아주 강하게 품게 되었습니다.

    상대는 매출 4조 엔을 자랑하는 거대 기업 NTT로, 메이지 유신 후 나랏돈으로 집마다 전화선을 설치한 거대 기업입니다. 이런 기업에 도전하는 것은 돈키호테처럼 무모한 짓이라는 생각에 대기업들도 도전장을 내밀지 못하고 있던 때였습니다.

하지만 나는 어떻게든 국민을 위해 통신요금을 낮추어 주고 싶다는 생각 하나로 지식도 경험도 없는 분야에 뛰어들게 된 것입니다. 물론 스스로 마음에 품고 있던 생각에 대해 동기가 선하고 사심이 없는지 끊임없이 엄격하게 물었습니다. 무려 반년 동안이나 이런 자기검토를 계속했지요.

'NTT에 대항해 새로운 회사를 세우려는 동기는 이타심과 다른 사람을 배려하는 상냥한 마음에서 나온 것인가? 나만 돈을 벌면 된다거나 교세라의 이름을 좀 더 널리 알리고 싶다는 마음이 앞서지는 않는가? 동기가 선하고 사심이 없는가?'라는 질문을 스스로 엄하게 몇 번이고 되풀이하면서 던졌던 것입니다.

그러다 동기가 선하고 사심이 없다는 확신이 들게 되었고, 그때부터는 망설이지 않고 전기통신사업에 뛰어들었습니다. 이처럼 다른 사람들을 위해 좋은 일을 하겠다는 선한 생각을 가지고 열심히 노력했더니 여러 사람의 지원과 협력을 얻을 수 있게 되어 KDDI는 순조롭게 성장할 수 있었습니다.

현재 많은 일본 국민이 KDDI의 브랜드 au를 사용하고 있고, 덕분에 KDDI는 매출이 5조 엔에 육박하는 거대 기업이 되었습니다. 전기통신 사업에 경험도 기술도 아무것도 없는데도 '통신요금을 낮추어주고 싶다'는 생각에서 시작한 회사가 지금과 같이 멋지게 발전할 수 있게 된 것은 정말 생각의 힘이라고 할 수밖에 없습니다. 생각은 반드시 실현할 수 있다는 것을 증명한 좋은 사례라고 확신합니다.

JAL 재건과
이타심의 세 가지 의의

사례를 한 가지 더 들어보려고 합니다. 그것은 일본항공 Japan Airlines, JAL의 재건입니다. JAL이야말로 생각을 바꿈으로써 실패를 딛고 다시 일어난 좋은 예입니다.

  2009년 나는 정부로부터 파산 직전인 JAL의 경영을 맡아 예전처럼 회복시켜달라는 부탁을 받았습니다. 하지만 항공업계에 대해선 잘 모르는 데다가 나이도 너무 많았기 때문에 이 부탁을 받아들여야 할지 심각하게 고민하지 않을 수 없었습니다. 결국 안 되겠다 싶어 몇 번이나 거절했습니다. 가족, 친구 그리고 지인들 역시 모두 반대했습니다. "이제까지 잘해왔는데 말년에 오점을 남기면 안 되네"라고 조언해주는 사람도 있었습니다.

하지만 몇 번이나 다시 요청을 받아, 고민하고 고민한 끝에 젊었을 때부터 지녀온 인생관에 비추어 다시 생각하게 되었습니다. 그 인생관이란 바로 '세상에 도움이 되는 것이야말로 인간으로서 할 수 있는 최고의 행위다'였습니다. 결국 세상에 도움이 될 수 있다는 생각과 뒤에서 자세히 이야기할 세 가지 이유 때문에 결국 JAL 재건 요청을 받아들이기로 했습니다.

그래도 나이가 워낙 많은지라 일주일 내내 출근하는 것은 어렵겠다는 생각이 들었습니다. 집도 아내도 모두 교토에 있기 때문에 회장직을 맡으면 출근하는 날엔 호텔에 머물러야 했습니다. 사정이 이렇다 보니 자연스럽게 주 3일만 근무해야겠다는 생각이 들었습니다. "일주일에 3일 정도만 출근하는 대신 월급은 받지 않겠습니다." 이 말과 함께 나는 JAL 회장직을 받아들였습니다.

무너져가는 JAL을 떠맡긴 했지만 항공업계에는 완전히 초보였습니다. 경험도, 지식도, 인맥도 부족했습니다. 신문이나 잡지에서도 "JAL의 재건은 어려운 일인데 기술자 출신 경영자 이나모리에게 맡겼으니 결코 잘될 리가 없다"

라고 비판하는 목소리가 컸습니다. 이런 상황에서도 내가 선택을 후회하거나 흔들리지 않았던 것은 JAL 재건에는 이타심을 기초로 한 세 가지 의의가 있다고 판단했기 때문입니다.

첫 번째 의의는 경제의 재생입니다. 당시 JAL은 일본을 대표하는 기업일 뿐만 아니라 장기간 깊은 침체에 빠진 일본 경제를 상징하는 기업이기도 했습니다. 그런 JAL이 정부의 지원을 받고도 일어서지 못하고 파산한다면 국가 경제가 크게 흔들리는 것은 물론이고, 국민 전체가 큰 낙담에 빠져 자신감을 잃게 될 것입니다. 반대로 JAL이 재건에 성공하면 용기를 얻게 될 것입니다.

두 번째 의의는 직원의 생계 문제입니다. 어떻게든 JAL에 남아 있는 3만 2,000명이 넘는 직원의 일자리를 지켜주고 싶었습니다. 정부의 요청으로 처음 JAL에 갔을 때는 4만 8,000명에 가까운 직원 중 약 1만 6,000명을 그만두게 해야 할 정도로 비참한 상황이었습니다. 이것은 JAL이 도산한 직후 회사재건법에 따라 변호사와 회계사들이 모여 세운 재건 계획 중 하나였습니다. 나는 그때 남아 있는 3만 2,000명이라도 반드시 구해야겠다고 생각했습니다.

세 번째 의의는 비행기를 이용하는 사람들의 편리한 생

활 문제였습니다. 만일 JAL이 파산하면 일본에는 ANA라는 단 하나의 항공회사만 남게 됩니다. 경쟁 상대도 없이 하나의 기업이 독점해버리면 요금은 오르고 서비스의 질은 떨어질 수밖에 없습니다. 이것은 결코 국민을 위한 일이 아닙니다. 건전하고 공정한 경쟁 조건 아래에서 여러 회사가 경쟁을 해야 좀 더 좋은 서비스와 품질, 그리고 그에 비해 저렴한 가격이 형성되는 법입니다. 이를 위해서라도 JAL은 꼭 필요한 존재였습니다.

이 세 가지가 내가 판단한 JAL 재건 의의였습니다. 이타심을 바탕으로 한 세 가지 대의라고도 할 수 있지요. 나는 이것들을 이루고자 JAL 회장직을 받아들인 뒤 회사 재건에 뛰어들기로 결심했습니다.

취임 후 세 가지 대의를 전 직원이 이해할 수 있도록 노력했습니다. JAL 재건은 단순히 사원들의 일자리를 지키기 위한 것이 아니라 나라를 위한 일이고 전 국민을 위한 일임을 마음 깊이 깨닫게 하려고 노력했습니다. 그러자 가라앉아 있던 회사 분위기가 차츰 활기를 띠기 시작했고, 직원들은 재건을 위해 땀 흘려 서로 협력하는 태도를 보이기 시작했습니다.

고령임에도 다들 어렵다고 피하는 JAL 재건을 무보수

로 맡아 목숨 걸고 매진하는 내 모습에 직원들이 감동하며 따라준 것은 정말 다행이었습니다. 처음엔 주 3일만 근무할 생각이었지만 JAL 본사에 틀어박혀 있는 날이 주 3일에서 4일로, 4일에서 5일로 차츰 늘어났습니다. 평일 대부분을 도쿄에서 지내다 보니 80세를 눈앞에 두고 객지 생활을 하게 되었습니다. 잠은 호텔에서 자고, 저녁은 편의점에서 산 주먹밥 두 개로 때우는 날도 많았습니다.

한편, 사원들은 그토록 열심히 회사 재건에 매달리는 내 모습을 보고, '우리와는 아무 관계도 없던 이나모리 명예회장이 저렇게나 열심히 하고 있다. 우리는 그보다 더 열심히 해야 한다'라고 생각했던 것 같습니다. 이처럼 사원들이 마음을 바꿔 새로운 생각을 품고 달려들어 열심히 일하자 JAL은 파산한 지 2년 8개월 만에 다시 주식을 상장하고, 세계에서 가장 높은 수익을 내는 항공회사로 거듭났습니다.

이 일로 나는 사람이 마음만 먹으면 얼마나 강력한 힘을 발휘할 수 있는지를 다시금 깨달았습니다.

교세라도, KDDI도, JAL도
성공의 시작은 생각

교세라든, KDDI든, JAL이든 결코 처음부터 성공이 약속된 것은 아니었습니다. 그저 무엇인가를 이루어보겠다는 생각으로부터 모든 것이 시작되었을 뿐입니다. 그 생각이란 것을 강하게 마음에 품고 누구에게도 지지 않을 정도로 노력했더니 상상을 초월할 정도로 멋진 미래를 맞이했습니다. 생각이란 이처럼 멋지고 강한 힘을 가지고 있습니다.

우선은 사람이 마음에 품은 생각은 반드시 이루어진다는 사실을 믿어보세요. 단, '이런 것을 생각해봤자 이루어질 리가 없잖아'라는 부정적인 마음은 버려야 합니다.

되도록이면 고결하고 빼어난 생각, 높은 뜻을 마음에 품고 높은 목표를 향해 필사적으로 달려들어 보세요. 그러면 포기하지 않고 마음에 품어온 생각이 반드시 이루어질 것입니다.

물론 모든 생각이 이루어지는 것은 아니고, 그래서도 안 됩니다. 세상에는 생각만 해도 끔찍한 일도 많고, 이루어지지 말아야 할 생각도 많습니다. 다행히 우리가 품은 생각이 '세상과 다른 사람들을 위해 힘쓰겠다'는 마음에서 비롯된 것일수록, 순수하고 아름다운 것일수록 실현될 가능성이 더더욱 커집니다. 좋은 생각은 주변 사람들뿐만 아니라 자연의 힘으로부터도 도움을 얻게 됩니다.

단, 생각이 아무리 강력해도 당장은 이루어지지 않습니다. 모든 일에는 시간이 필요하고 적절한 때가 있습니다. 사회에 나와 60년 이상의 시간을 보내고 84세가 된 나도 '이렇게 하고 싶다' 혹은 '이러이러한 사람이 되고 싶다'는 강한 생각을 마음에 품고 혼신의 힘을 다하고 있습니다. 그렇게 쉬지 않는 노력이 있었기 때문에 지금과 같은 멋진 인생이 가능한 것이 아닐까 생각합니다.

다소 시간이 걸리기는 하지만 누구든 순수하고 아름다운 생각을 마음에 품고 안간힘을 다한다면 그 생각은 반드시 실현됩니다. 이것이 자연의 섭리이자 우주를 지배하는 법칙입니다.

이 책을 펼쳐 든 독자 여러분도 아름다운 생각을 마음에 강하게 품고, 그것이 실현되는 멋진 인생을 살아가기를 진심으로 기원합니다.

소중한 것들은 대부분 하루아침에 이루어지지 않습니다. 비록 오랜 시간이 걸린다 해도 포기하지 말고, 그 생각을 마음에 품고 계속 노력을 하길 바랍니다. 부디 여러분 모두가 멋진 인생길을 걸어가길 바랍니다.

• 이 장은 2016년 9월 30일 제4회 이나모리 아카데미 심포지엄 강연 내용을 기초로 재구성했습니다.

答 이타심을 키우도록 수행하세요.

　　바르게 생각한다는 것은 상당히 어려운 일입니다. 앞에서 말씀드렸던 대로 인간의 마음속엔 이타심과 이기심이 공존하고 있습니다. 한편에선 '나만 좋으면 된다'는 이기심이 목소리를 높이고, 다른 한편에선 '사회, 이웃, 그리고 타인을 배려해야 한다'는 이타심이 목소리를 높입니다. 두 마음이 팽팽하게 대립하며 공존하고 있기 때문에 이 중 이타심이 더 큰 목소리를 내도록 하려면 자신을 갈고닦는 수행이 필요합니다.

　　수행이란 자신의 인간성을 더 낫게 만들기 위해 기울이는 노력입니다. 우리 마음속에서 이타심이 이기심보다 커지게 하려면 당연히 이런 노력이 필요합니다. 두 마음이 팽팽하게 대립하고 있다가 나도 모르게 이기심이 기세 좋게 날뛸 때는 '요 녀석!' 하고 스스로 야단칩니다. 어떨 때는 '또 야비한 생각을 제멋대로 하고 있군'이라고 속으로 따끔하게 한마디 하기도 합니다. 이처럼 이타심이 자신의 마음속에서 큰 비중을 차지하도록 항상 마음을 돌아보며 노력하는 일이 중요합니다.

問 단체의 리더로서 구성원들과 어떻게 생각을 공유하면 좋을까요?

가고시마대학교 대학원의 K라고 합니다. 저는 지금 구성원이 100명 정도 되는 단체를 이끌고 있습니다. 앞에서 생각이 아주 중요하다고 말씀하셨습니다. 그런데 제가 단체를 이끌면서 사람들의 생각을 하나로 모으다 보니 생각에는 개인차가 있다는 것을 알게 되었습니다. 예를 들어 저와 어느 정도 같은 생각을 하는 친구가 있는가 하면, 전혀 다른 생각을 하는 친구도 있습니다. 둘 사이의 격차가 너무 크다고 느낄 정도입니다.

저는 제 생각대로 계속 행동하려 하고 있습니다. 하지만 어떻게 하면 리더로서 저와 다른 생각을 가진 사람들과 생각을 공유할 수 있는지 고민입니다.

答 이타심을 기초로 한 생각은 반드시 통합니다.

자신의 생각이 자신이 이끄는 단체 구성원들의 생각과 다른 것이 문제군요. 이런 경우 자신이 가진 생각이 구성원 전체를 위한 것이고, 이타심을 기초로 한 것이라면 반드시 통한다고 봅니다. 단체를 이끌면서 어떤 식으로 결정할지를 자신이 편하고 좋을 대로 생각하면 안 됩니다. 그보다는 구성원 모두에게 필요한 방향으로, 즉 이타심을 기초로 생각해야 합니다. 이런 생각에는 결국 모두가 공감하게 되는 법입니다. 하지만 조금이라도 리더의 사심이 섞여들어 자신의 에고대로 단체를 이끌어가려 한다면 구성원들은 그것을 예리하게 알아차리고 쫓아오지 않으려 할 것입니다.

리더 자리에 있는 사람일수록 자아, 즉 자신의 에고를 버리고 전체를 위하는 이타심을 기초로 생각하지 않으면, 주변 사람들이 공감하지도 따라오지도 않습니다.

問 지금은 자유롭게 살고 싶습니다. 이타심은 시간을 들여 조금씩 늘려가면 좋지 않을까요?

가고시마대학교 대학원의 E입니다. 이나모리 선생님께서 방금 이타심과 이기심의 비율이 중요하다고 하셨습니다. 하지만 전 선생님처럼 80년 이상

살 자신도 없고, 그전에 언제 죽을지 모르는 게 인생이라 생각합니다. 그런 생각을 하면 역시 이기심의 비율이 높아질 수밖에 없습니다. 어차피 몇십 년 살다 죽는 인생인데 좀 더 자유롭게 제 맘대로 살고 싶어집니다. 이런 기분으론 안 된다는 생각도 하지만, 그래도 역시 젊은 사람은 이기심의 비율이 높을 수밖에 없지 않을까요? 그렇다면 나이를 먹으면서 오랜 시간에 걸쳐 차츰차츰 이타심의 비율을 높여가는 것이 유일한 방법이 아닐까 하는 생각도 듭니다. 저의 이런 생각이 맞는지 이나모리 선생님의 말씀을 듣고 싶습니다.

答 나이가 든다고 해서 이타심이 강해지는 것은 아닙니다.

확실히 젊은 사람들은 이기적이기 쉽습니다. 하지만 그렇다고 해서 나이가 들면 이타심이 커지는 것은 결코 아닙니다. 나이가 들어서도 자기 욕심만 채우려는 사람은 많습니다. 노인 중에도 주위 사람들이 모두 싫어할 만큼 탐욕스러운 사람들이 의외로 많지요.

　나이를 떠나 항상 스스로 자신의 마음을 다스릴 줄 알아야 합니다. 그래서 마음속에 있는 두 가지 중 이기심을 억누르고 상냥하게 다른 사람을 배려하는 마음, 즉 이타심이 큰 비중을 차지하도록 노력하는 것이 정말 중요합니다.

　맛있는 것을 먹고 싶다거나 멋진 옷을 입고 싶다거나 좋은 물건을 사고 싶다고 생각하는 것은 흔히 있는 일입니다. 하지만 아직 젊은 청년들은 살아갈 날이 많이 남았으니 인생을 좀 더 길게 보아야 합니다. 특히 공부하고 있는 학생들은 지금부터 어떤 일을 하며 살아갈까 생각할 때 눈앞의 이익이나 쾌락에만 급급해선 안 됩니다. 내가 좋아하는 일을 하면서도 좀 더 세상을 위하고 다른 사람들을 위하는 일을 하려고 해야겠지요.

　개인에게 필요하고 좋은 것을 추구하는 것도 중요하지만, 좀 더 생각의 폭을 넓혀 이 세상과 다른 사람들을 위한 일을 하고 싶다는 마음을 스스로 북돋우며 노력해나가야 한다고 생각합니다.

　나는 대학을 졸업하고 회사에 입사했습니다만,

그곳은 앞에서 말씀드린 대로 거의 망해가는 회사였습니다. 입사 직후 바로 그만두고 싶다는 생각이 들 정도로 형편이 안 좋았지요. 당시 함께 입사한 대졸 사원은 모두 다섯이었는데, 그해 가을 셋이 그만두었습니다. 남은 사람은 교토대학교 공학부를 나온 친구와 저 둘뿐이었습니다. 우리 두 사람은 "어떻게 하지? 우리도 그만둘까? 아무래도 그만둬야겠어" 하면서 날마다 사표 쓸 궁리만 했습니다.

하지만 마땅히 다른 곳에 취직하기가 어려워 문제가 많은 이 회사에 입사했던 터였습니다. 사표를 쓴다 해도 딱히 갈 곳이 없었습니다. 그래서 우리는 군 장교 양성 학교에라도 들어가자고 마음 먹고 근무시간에 몰래 나와 입학시험을 보았습니다. 그 결과 둘 다 합격했는데 신분을 증명할 호적초본이 필요했습니다. 당시는 요즘처럼 컴퓨터나 인터넷이 없었기 때문에 가고시마까지 직접 가서 떼거나 가족에게 부탁해야 했습니다. 나는 할 수 없이 집에다 호적초본을 떼서 보내달라고 편지를 썼습니다. 하지만 아무리 기다려도 호적초본은 오지 않았습니다. 알고 보니 화가 난 형이 "아무리 형편이 안 좋다 해도 겨우 들어간 회사를 1년도 안 돼 그만두는 것은 있을 수 없는 일"이라고 못을 박으며, 서류를 보내주지 않았던 것이었습니다.

나는 큰 고민에 빠졌습니다. 회사를 그만두느냐, 아니면 남느냐 하는 갈림길에 섰지요. 남는다 해도 월급도 제대로 안 나오는 망해가는 회사에 다녀야 하고, 그만둔다 해도 딱히 갈 곳도 없는 신세였습니다. 정말 한 치 앞이 보이지 않을 때였습니다. 하지만 결국 인생이란 '그만두어서 다행이다'라거나 '그냥 계속 다녀서 다행이다'가 아니라 당시 그 사람이 마음에 어떤 생각을 품고 있었는지가 중요한 것 아닐까요?

결국 나는 그냥 회사에 남아 불평불만을 일절 쏟아놓지 않고 일에만 전념하기로 결심했습니다. 비좁고 누추한 실험실이었지만, 연구에만 몰두했지요. 당장 눈앞의 이익을 찾기보다는 나 자신뿐만 아니라 동료들과 회사 전체를 살리는 일을 해보고 싶었던 것입니다. 그리고 그 결과 파인세라믹스라는 새로운 분야를 개척할 수 있었습니다.

결론을 말씀드리자면, 이타심을 기초로 마음에

품는 생각이란 것이 그만큼 중요하다는 것입니다.

問 **늘 불안해하며 '난 할 수 없어'라고 쉽게 포기하는 자신을 바꿀 수 있을까요?**

가고시마대학교 수산학부의 K라고 합니다. 내년부터는 저도 취직을 해야 하는 상황입니다. 제게 가장 인상적이었던 것은 이나모리 선생님께서 처음 취직했던 회사가 망하기 직전이었는데, 그곳에 남아 회사를 다시 일으켜 세운 이야기였습니다. 특히 저 자신을 바꾸어야겠다는 생각이 들 정도로 끌렸던 부분은 단순히 생각만 해선 안 된다는 사실이었습니다. 선생님께서는 생각을 강렬한 신념으로 바꾸어야 한다고 강조하셨습니다.

저는 정신력이 아직 강하지 않아 생각을 신념으로 바꾸려 할 때 흔들리고 맙니다. 정말 내가 할 수 있을까 의심하면서 말입니다. 제가 만일 젊은 날의 이나모리 선생님이었다면, 예를 들어 내년에 입사하게 될 회사가 파산 위기에 처한다면 이타심을 가지고 회사를 살리겠다든가 무언가 내가 할 수 있는 일을 찾아 하기보다는 전직을 할 것 같습니다.

그처럼 위기 앞에서 마음이 흔들리고 포기하고 싶다는 생각은 누구라도 할 수 있다고 생각합니다. 하지만 이런 상황에서도 이나모리 선생님처럼 용기를 내어 이타심을 가지고 흔들리지 않으려면 어떻게 해야 하는지, 무엇인가 선생님 나름의 방법이 있다면 가르쳐주시겠어요?

答 **성공한 사람은 곁눈질하지 않고 한 우물을 팝니다.**

여러분은 아주 풍요로운 환경에서 학교를 다니다가 사회로 진출하고 있습니다. 내가 학교에 다니던 시절에 비해 여러 가지 선택할 수 있는 길이 더 많습니다. 그런 점이 어쩌면 여러분을 더 힘들게 만들 수도 있다고 생각합니다.

내가 학생이었을 때는 졸업을 해도 마음에 드는 회사를 찾아갈 수 있을 만큼 기업이 많지 않았습니다. 그곳을 그만두고 나와도 이직하고 싶을 만큼 좋은 직장도 거의 없었습니다. 그러니 한 직장에 눌러앉아 맡은 일에 전력을 다하기가 쉬웠습니다. 어떻게 보면 아주 비참한 사회였지만 적어도 제 경우엔 오히려 행운으로 작용했다고 봅니다. 만일 나처럼 어느 정도 공부도 하고 머리도 나쁘지는 않은 데다가 남한테 지기 싫어하는 사람은 지금처럼 환경이 좋은 때라면 더 좋은 직장을 찾아 여기저기 돌아다녔겠지요. 한군데 가만히 있기가 쉽지 않았을 겁니다. 그때는 사회 전체가 어려웠던 시절이라 그처럼 자유로운 기회가 아예 허락되지 않았고, 그러다 보니 한 직장에서 주어진 일에 몰두하기가 쉬웠습니다. 다시 생각해도 그처럼 어려운 상황이 오히려 제게는 행운이었습니다.

하지만 여러분은 제 젊은 시절과는 다르게 아주 풍요로운 사회에 살면서 여러 가지 기회를 많이 누리게 되었습니다. 이런저런 기회를 살리는 일도 중요하긴 합니다. 하지만 앞에서 말했듯이 가능하면 한번 결정한 일을 강하게 마음에 품고 신념을 가지고서 포기하지 않고 끝까지 도전하면 좋다고 생각합니다.

내가 이제까지 살아오면서 인생에서 성공한 사람들을 보면, 그 사람이 목수든 엔지니어든 다른 데

곁눈질을 하지 않고 오로지 자기 일에만 온 힘을 쏟은 사람들이었습니다. 이것은 어느 사회에서나 통하는 진리입니다. 열심히 전심전력을 다하지 않고 성공한 사람을 본 적이 없습니다. 사업뿐만 아니라 학문의 세계에서도 마찬가지였습니다.

問 **처음 동기부여를 받았던 때의 열정을 유지하려면 어떻게 해야 할까요?**

    법문학부의 M이라고 합니다. 오늘 귀중한 강연 정말 감사드립니다. 저는 의지가 아주 약한 편입니다. 처음엔 이것을 하고 싶다거나 저것을 이루고 싶다는 뜨거운 열망에 쫓겨 일을 벌이고 주위 사람들을 끌어들이기도 합니다. 하지만 차츰 뜨거운 마음이 식어 의지를 잃어버리고 도망갈 길을 찾고 있는 자신을 발견하게 됩니다. 이런 경우 목표를 이룰 때까지 처음의 열정을 계속 유지하는 방법을 알고 싶습니다. 가르쳐주십시오.

答 스스로 알아서 해야 할 뿐, 누가 가르쳐주는 것이 아닙니다.

동기부여야말로 자기가 알아서 하지 않으면 방법이 없지 않겠습니까? 내가 지금 학생 옆에 있다면 "자네 바본가?" 하고 엉덩이라도 한 대 때려주고 싶군요. (웃음) 열정이야말로 자기 안에서 솟아나는 것이니 역시 스스로 알아서 하지 않으면 안 됩니다. 자기 스스로 의지를 강하게 키워야 합니다.

어떻게 하면 마음이 강해질까 하는 것이 문제가 아닙니다. 어떻게 하면 좋은지를 다른 사람에게 물어보고 의존하려는 마음 자체가 문제입니다. 이런 것이야말로 스스로 알아서 해야 합니다. 선문답처럼 들리겠지만, 세상일이란 게 그렇습니다.

제2장

사람은 무엇을 위해 사는가

서브프라임 문제에서
시작된 금융위기

2008년 10월, 미국에서 금융위기가 발생했을 때 마침 뉴욕에서 일본인 교포와 미국인 청중 1,000명 정도 앞에서 이야기할 기회가 있었습니다. 당시 무엇이 문제였는지를 누구보다 피부로 느낄 수 있었지요.

여러분 모두 아시다시피 미국에서 금융위기가 일어났을 때 전 세계 주식이 폭락했습니다. 교세라 주식 가격도 절반이 꺾이고 말았습니다. 그런데 왜 미국에서 그런 엄청난 금융위기가 시작되었을까요? 발단이 되었던 것은 '서브프라임 모기지론'입니다. 이것은 미국의 저소득층이 주택을 사려고 할 때 금융기관이 주택자금을 빌려주어 주택을 살 수 있게 해주는 제도입니다. 패니메이Fannie Mae(미국연방주택저당공사)나 프레디맥Freddie Mac(연방주택담보대출공사)이란 회사가 주택을 구입하기 어려운 저소득층에게 낮은 금리로 주택자금을 빌려주면서 시작된 것이지요.

그런데 서브프라임 모기지론은 일반적인 대출과 구조가 약간 다릅니다. 최초 몇 년간은 금리가 아주 낮게 설정되어 있지만 시간이 지나면 갑자기 금리가 올라갑니다. 그런데 당시 미국 주택 가격은 해마다 오르고 있었기 때문에 돈을 빌려 집을 사도 금리가 오르기 전에 집을 팔면 얼마든지 대출을 갚을 수 있었습니다. 이런 추세가 지속될 거라 예측하면서 일정 기간이 지나면 금리가 갑자기 오르는 구조로 만든 것입니다.

패니메이와 프레디맥은 서브프라임 모기지론을 많은 저소득층에게 판매했습니다. 하지만 갑자기 불황이 닥치자 당시 10년 가까이 계속 오르던 미국 주택 가격이 폭락하기 시작했습니다. 그동안 저소득층은 대출을 받아 집을 사도 앞으로 가격이 오르기 때문에 집을 팔아 돈을 벌 수 있다고 생각했는데, 생각지도 못한 주택 가격 폭락을 겪게 된 것입니다.

게다가 이미 말씀드렸듯이 서브프라임 모기지론은 돈을 빌리고 몇 년이 지나면 금리가 갑자기 오르는 구조입니다. 서브프라임 모기지론 이용자들은 저소득층이기 때문에 금리가 오르면 점점 갚기가 어려워집니다. 게다가 처음엔 집값이 오르면 집을 팔아 대출을 갚으려 했는데 오히려 집값이 떨어지고 말았습니다. 이렇다 보니 집을 팔면 빚만 남을 것이 불 보듯 뻔합니다. 집을 팔려야 팔 수도 없고, 이자도 내기 어려운 형편이 된 것입니다. 그 결과 이 사람들에게 돈을 빌려준 패니메이와 프레디맥은 큰 위기에 빠지고 말았습니다.

미국은 계약에 엄격한 사회이기 때문에 대출금이나 이자가 밀리기 시작하면 주택을 몰수해버립니다. 결국 뉴욕이나 그 주변 개인 주택이 한 채 한 채 차압당하고 빈집이 늘어갔습니다. 이것이 바로 금융위기의 시작입니다.

금융위기를 일으킨
인간의 욕망

그런데 도대체 왜 금융위기가 일어났던 것일까요? 금융공학이라는 기술을 이용해 새로운 금융상품을 만들며 큰 발전을 이루어온 금융업계를 이끌어온 것은 바로 우리 인간의 욕망입니다.

자동차를 만들거나 교세라처럼 전자기기를 만들어서 돈을 벌려면 정말 열심히 일해야 합니다. 그런데 그런 수고를 들이지 않고 컴퓨터 앞에서 키보드만 두들겨 몇조 엔에 이르는 큰돈을 단번에 벌고자 하는 것이 금융업계입니다. 지금도 이 분야에 취직하려고 젊은 인재들이 몰리고 있습니다.

자본주의는 인류가 가진 욕망을 엔진으로 오늘날의 발전을 이루었습니다. 특히 금융업계는 월가를 중심으로 한 금융공학 전문가들의 욕망에 힘입어 크게 발전했습니다. 하지만 나는 예전부터 인간의 욕망이 가는 대로만 따라가면 돌이키기 힘든 궁지에 몰릴 수 있다고 생각해온 사람입니다.

서브프라임 모기지론의 기초가 되었던 규제 완화가 있을 당시 FRBFederal Reserve Board(연방준비제도이사회) 의장을 맡았던 앨런 그린스펀은 미국 하원위원회 공청회에 출석해 4시간에 걸쳐 수많은 질문을 받았습니다. 의원들이 서브프라임 모기지론 문제에 대해 "당신이 FRB 의장으로 있을 때 금융기관에 대한 감독을 소홀히 한 것 아닙니까?"라고 추궁

하자 그는 "금융규제 완화는 좋은 것이라 생각했습니다. 자유경제, 자유시장에 맡기면 잘되리라고 너무 믿었던 것 같습니다"라고 말했습니다. 사실은 규제했어야 마땅한 일이라고 정책 실패를 솔직히 인정했던 것입니다.

하원위원장이 "그렇다면 자유로운 경쟁 시장이 최선이고, 자유시장에 맡기는 게 좋다는 당신의 신념이 옳지 않았다는 것입니까?"라고 묻자, 그럴지도 모른다고 수긍했습니다. 그는 규제를 완화해 사람들이 자유롭게 거래하고 여러 가지 금융상품을 만들어 다양하게 팔면 좋다고 믿었지만 그런 생각이 틀렸을지도 모른다고 공청회에서 인정했습니다.

자유로운 시장에서 욕망이 제멋대로 달리도록 내버려두었더니 금융위기를 불러오고 말았습니다. 즉, 인간의 욕망을 원동력으로 발전해온 현재의 금융업계는 바로 그 욕망 때문에 파탄 났던 것입니다.

채집에서
농경으로의 전환

지금부터는 인간의 '욕망'이란 것을 인류 역사를 통해 되돌아볼까 합니다. 인류는 수백만 년 전 아프리카에서 생겨나 지구 전체로 널리 퍼졌다고 합니다. 그리고 지금으로부터 1만 년 전까지만 해도 인류는 수렵채집 생활을 하며 살았습니다. 숲에 들어가 나무 열매나 씨앗을 모으고 강과 바다에서 물고기를 잡으며 살았습니다. 인류는 이렇게 아주 오랫동안 수렵채집 활동으로 먹을 것을 구하며 생존했습니다. 동물이나 식물 등 지구상의 생물권과 조화를 이루며 공생했지요.

하지만 인류는 식량을 주워 모으는 것만으로는 충분하지 않다고 생각하며 숲을 개간하고 나무와 풀을 심고 가축을 기르게 되었습니다. 혹은 밭을 가꾸어 작물도 키우게 되었습니다. 약 1만 년 전부터 농경과 목축 생활을 시작한 것입니다.

수렵채집 생활을 할 때는 기후가 나빠지면 나무 열매를 구하기가 어려웠습니다. 굶주림에 시달릴 수밖에 없지요. 이처럼 기후변화 등으로 고통을 겪던 수렵채집인들은 스스로 자연을 정복하고 물건을 만들어 생활을 안정시키고 싶었을 것입니다. 그렇게 해서 지금으로부터 1만 년 전 농경 목축 생활을 시작했습니다. 농사를 짓고 식량을 저장할 수 있게 되자 인류는 점점 더 풍요로운 생활을 하며 발전을 거듭했습니다. 인구가 늘어나면서 농사지을 수 있는 땅이 부족해지자 더 많은 숲을 개간해 농경지와 목초지를 늘려갔습니다. 그리고 이런 물질적인 풍요로움을 바탕으로 문명이 싹트기 시작했습니다.

대량 생산, 대량 소비, 대량 폐기

지금으로부터 약 250년 전 인류는 새로운 기술과 함께 역사적 전환점에 서게 되었습니다. 증기기관 발명을 계기로 영국에서 일어난 산업혁명이 인류 사회의 많은 것을 바꾸어 놓기 시작했기 때문입니다. 다른 동식물들은 자연계에 의존하고 그 속에서 살아가지만, 인류만은 자신의 지혜로 농경과 목축을 시작해 자연으로부터 어느 정도 독립된 생활권을 이루게 되었습니다. 그리고 여기서 더 나아가 산업혁명 이후 증기기관보다도 월등한 동력을 손에 넣으면서 자연에 대한 의존을 크게 벗어났습니다. 증기기관이 발명되기 전까지는 소와 말을 이용해 동력을 얻었는데, 산업혁명 이후 인류는 필요한 에너지를 스스로 만들어낼 수 있게 되었습니다.

인류는 호기심과 탐구심을 가지고 있습니다. 동력을 손에 넣게 되자, 좀 더 풍요로운 생활을 하고 좀 더 편리한 사회를 만들고 싶다는 욕망 아래 연달아 과학기술을 발달시켜 왔습니다. 오늘날의 편리하고 풍요로운 사회를 300년에 지나지 않는 시간 동안 만들어낸 것입니다. 지금도 인류는 더욱 편리한 것, 더욱 풍요로운 생활을 가능하게 하려는 욕망 아래 계속 새로운 기술을 열심히 개발하고 있습니다.

인류는 그동안 자신의 욕망이 시키는 대로 열심히 머리를 써서 오늘날의 풍요로운 물질문명 사회를 이루었다 볼 수 있습니다. 그리고 현재의 경제 시스템은 이런 풍요로움을 바탕으로 '대량 생산' '대량 소비' '대량 폐기'라는 세 가지 요소로 이루어져 있습니다. 경제가 발전하려면 많은 것을 만들고, 많은 것을 소비하고, 많은 것을 폐기하지 않으면 안 됩니다. 일반적으로 생각하면 그렇게 아까운 일이 있나 싶기도 하지만, 현재 경제 시스템은 그래야만 규모가 커지면서 발전할 수 있도록 되어 있습니다.

와세다대학교 요시무라 사쿠지 교수의 안내로 철학자 우메하라 다케시 부부와 이집트를 방문한 적이 있습니다. 요시무라 교수로부터 이집트에 꼭 한번 가보라는 권유를 받고 아내와 함께 갔었습니다. 이집트 전문가인 요시무라 교수가 데리고 다니면서 안내를 해주어 공부가 많이 되었습니다.

고대 이집트 문명은 지금으로부터 약 5,000년 전부터 발전하기 시작했다고 합니다. 그 후 3,000년 정도 지속하다 멸망한 이 문명의 흔적은 이제 피라미드로만 남아 있습니다. 여러분도 아시겠지만 고대에는 티그리스·유프라테스강을 중심으로 발달한 메소포타미아 문명을 비롯해 세계 곳곳에서 여러 문명이 발달했습니다. 하지만 1,000년 이상 계속된 문명은 몇 없었습니다. 대부분 문명은 몇백 년이 지나면 몰락하고 맙니다.

훌륭한 유적을 남긴 문명이 있는가 하면, 유적이 사라져버리든가 환경이 변해 사막이 되어버린 곳도 있습니다. 특히 고대에 티그리스·유프라테스강 주변은 멋진 숲으로 덮인 기름진 곡창지대였다고 하지만, 지금은 볼품없는 사막이 되어버렸습니다. 인간이 자연을 정복하고 이용할 대로 이용한 결과 사막이 되어버려 그곳에서 번성하던 문명도 사라져버렸습니다.

근대 물질문명이
사라진다면

인류가 만든 문명의 흔적을 보면 아주 오래 지속되었던 것은 없습니다. 그렇기에 불과 몇백 년 전에 시작된 근대 물질문명도 언제 사라질지 모르는 위험에 처해 있다고 할 수 있습니다.

150년 전만 해도 일본에선 왕족들도 자동차가 없어 가마를 타고 다녔습니다. 하지만 지금은 누구나 자동차를 타고 다니는 편리한 시대입니다. 과연 이 시대가 언제까지 이어질까요?

인간만이 자신의 욕망을 채우고 번영을 누리며 멋지고 편리한 생활을 하고 있습니다. 다른 동식물들을 철저하게 이용하며 그들과 공존하기보다는 지배하며 살고 있습니다. 어찌 보면 자연의 세계에 고통을 주며 자신들만 안락한 생활을 하고 있는 셈이지요. 이것이 바로 현재의 환경 문제입니다. 이대로 지구 환경은 파괴되고 지구는 되돌릴 수 없는 상태로 전락하고 말까요?

지금부터 약 200년 전까지만 해도 지구 전체에는 10억 명 밖에 살고 있지 않았습니다. 하지만 현재 지구의 인구는

70억으로 불어났습니다(2016년 기준). 아마도 21세기가 끝나기 전에 100억 명으로 늘어날 것이라고 전문가들은 예측하고 있습니다.

이 100억 인구가 모두 좀 더 윤택한 생활을 하고 싶은 욕망대로 살아가려면 필요한 것은 점점 더 많아집니다. 더 많은 에너지와 식량이 필요하고, 물은 점점 더 부족해질 것입니다. 그런데 지금처럼 계속 자연을 파괴하고 동식물들을 멸종시키거나 고통을 주면서 인류만 100억 인구로 불어난다면, 과연 윤택하게 살아갈 수 있을까요? 많은 지식인과 전문가가 불가능한 일이라 보고 있습니다.

현대 문명은 지금으로부터 30년 남짓 후, 2050년경에 붕괴할지도 모릅니다. 하지만 이대로는 지구 환경을 지킬 수 없다고 걱정하는 사람들은 아주 극소수입니다. 대부분은 '이대로 괜찮겠지. 그러니 좀 더 윤택한 생활을 하고 싶다'라고 생각하고 있습니다.

과거 인류가 발전시켰던 문명을 돌아보면, 모두 인간의 욕망이 이끄는 대로 발전하고 욕망이 극에 달한 지점에서 붕괴해 결국 몇몇 유적만 남긴 채 사라져버렸습니다. 현대 문명 역시 그렇게 되기 직전의 상태가 아닌가 싶습니다. 그리고 이를 미리 알려주는 전조로 금융위기가 일어난 것 같습니다.

　　인류가 이 상태로 계속 살아남을 수 있을지 걱정입니다. 욕망이 이끄는 대로 기술을 개발해 문명을 발전시키고 있는 이 상태를 과연 언제까지 유지할 수 있을까요? 이것은 정말 심각한 문제이고, 인류가 함께 풀어나가야 할 숙제입니다.

인류는 정말
생존할 수 있을까

지금까지 해온 이야기는 사실 서론이었습니다. 본론에 들어가기 전에 중요한 질문 한 가지를 여러분 앞에 던지고자 합니다.

　　인류는 앞으로 정말 생존할 수 있을까요?

　　지금 우리는 이런 위기의식을 느낄 수밖에 없는 시대를 살아가고 있습니다. 앞에서 지구 규모의 인류사적 문제에 대한 이야기를 해보았습니다. 욕망이 이끄는 대로 달린 결과 금융업계가 파산에 이른 예를 돌아보았고, 더 나아가 인류 전체가 맞이하게 될지 모르는 생존의 위기에 대해 생각해보고 있습니다. 그런데 잠깐 이와 관련해 한 사람 한 사람 개인의 삶은 어떤 식으로 펼쳐지는지 살펴보고자 합니다.

사람들이 저마다 '부자가 되고 싶다' '유명해지고 싶다' '좋은 학자가 되고 싶다' 같은 욕망을 품고 있습니다. 그리고 이런 욕망을 원동력으로 노력합니다. 전심전력으로 노력하면 성공은 필연적으로 따라옵니다.

나는 27세 때 교세라라는 기업을 세워 오늘날까지 경영자로서 살아왔습니다. 60년 전 사업을 시작했을 때만 해도 일본은 황폐하기 그지없는 나라였습니다. 일본 전역이 불탄 들판 같았습니다.

내 고향인 가고시마 시내에도 제대로 된 집 한 채가 보이지 않을 정도였습니다. 이시키나 다케오카武岡에서 바라보면 멀리 바다와 사쿠라지마섬만 덩그러니 보이던 기억이 납니다. 불에 타다 남은 전신주만 몇 개 서 있고 주변은 온통 자갈과 부서진 기왓장 조각들뿐이었습니다.

전쟁에서 막 돌아온 선배 세대가 그런 폐허 위에서 장사를 시작했습니다. 예를 들어 다이에이 그룹의 창업주인 나카우치 이사오는 필리핀에서 사선을 넘나드는 전투를 치르고 온 분입니다. 고국으로 돌아와 오사카에서 조그마하게 시작한 슈퍼마켓을 오늘날의 다이에이 그룹으로 키운 분이기도 합니다. 이처럼 선배 경영자들은 폐허 위에서 빈주먹으로 기업을 세웠습니다.

마쓰시타전기산업(현 파나소닉)도 마찬가지입니다. 이 회사의 창업주인 마쓰시타 고노스케는 이미 어느 정도 성공한 사람이었지만, 전쟁으로 불타버린 들판 위에서 마쓰시타전기산업을 다시 한번 일으켜 세웠습니다. 소니Sony 역시 이부카 마사루와 모리타 아키오 두 사람이 전쟁의 폐허에서 세운 회사입니다.

현재 일본의 유명한 기업들은 대부분 우리의 선배 기업가들이 전후 폐허 위에서 피땀 흘려 가꾼 회사들입니다.

계속 욕망을 좇아도 좋은가

전후 폐허 위에서 빈주먹으로 기업을 세워 성공한 분들과 나는 열다섯 살 정도밖에 차이가 나지 않습니다. 그래서 이부카 씨, 모리타 씨, 나카우치 씨 같은 유명한 기업가들과 자주 모임을 가졌습니다. 모두 피땀 흘린 노력으로 성공한 분들이지만, 나중에 어려운 일을 겪으며 평탄하지 못한 말년을 보낸 분도 계십니다.

앞에서 욕망을 기초로 달려온 인류의 역사와 금융업계

의 역사에 대해 이야기했습니다만, 개인도 욕망을 엔진으로 삼아 노력하고 성공을 이루어갑니다. 하지만 그런 욕망이 너무 커지면 몰락의 원인이 되고 맙니다. 이것은 인류 문명의 흥망에서도, 개개인의 성공과 실패에서도 마찬가지입니다. 따라서 열심히 노력해 성공하고 유명해졌다 해서 교만해지면 안 됩니다.

지금부터 이 나라를 짊어질 청년 여러분에게 당부하고 싶은 것은 지식을 갖추는 것만큼이나 인간성을 갈고 닦는 것이 중요하다는 사실입니다. 훌륭한 사람은 성실함, 진실함, 겸허함을 갖춘 사람입니다. 청년들은 이런 훌륭한 인간성을 갖추는 데 무엇보다 힘을 써야 한다고 생각합니다.

욕망을 원동력으로 삼아 노력하면 확실히 인간은 성공합니다. 하지만 사람들이 저마다 자신의 욕망을 이루어 성공하는 데 눈이 멀어 앞으로 달려가기만 한다면 그 사람의 인생은 물론이고 그런 사람들이 모여 사는 지구 자체도 위험해집니다. 지난 인류사에 비추어볼 때 의문을 품지 않을 수 없습니다. 과연 인류는 지금 이대로 계속 성장할 수 있을까요?

지금 이대로 에너지를 사용한다면 2050년 이후엔 심각한 에너지 부족을 겪게 된다고 합니다. 그리고 세계 인구가

100억 명을 넘게 되면 식량도 부족해진다고 합니다. 그렇게 되면 민족끼리 싸우게 될 것이고, 자기가 속한 나라를 풍요롭게 만들기 위한 다툼도 끊이지 않을 것입니다. 이런 다툼이 심해지면 결국 핵무기도 더 늘어날지 모릅니다.

핵무기가 늘어나다 보면 결국 원자폭탄을 사용한 전쟁이 일어날 수도 있습니다. 나아가 인류는 핵전쟁으로 자멸할지도 모릅니다. 지금 인류는 그런 시대로 접어들려 하고 있습니다. 이런 시점에서 우리가 생각해야 할 것은 금융위기를 포함해 오만방자한 인간의 욕망을 기초로 한 발전을 계속해도 좋은가 하는 점입니다.

욕망을 다스리는 것이 인류의 명제

불교에 '족함을 안다'라는 말이 있습니다. 석가모니의 가르침 중에 나오는 말로 '무슨 일이든 적당한 선에서 만족하고 지나치게 하지 말라'는 뜻입니다. 그런데 이 '족함을 안다'라는 말은 오늘날 우리에게 더없이 소중한 철학이 아닐까 하는 생각이 듭니다.

현대인들에게 중요한 것은 결코 욕심을 부리지 않는 것입니다. 다시 말해 지구에서 함께 살아가는 모든 생물에게 자비를 베풀고 모든 것을 소중히 여기며 현재 있는 것에 감사하는 자세입니다. 그리고 이를 위해서는 족함을 아는 것이야말로 중요한 마음가짐이란 생각이 듭니다.

지칠 줄 모르는 욕망이 이끄는 대로 인류는 내달려왔고, 아직은 욕망이 원동력이 되어 발전하고 있습니다. 하지만 멈출 줄 모르는 욕망은 반드시 몰락합니다. 이것은 개인, 국가, 인류 모두에게 해당하는 진리입니다. 욕망을 다스린다는 것은 인류가 풀어가야 할 명제입니다. 하지만 이 소중한 지혜를 학교에서도 제대로 가르치지 않고 아무도 문제 삼지 않습니다.

지금으로부터 2,500여 년 전 석가모니는 불교를 창시했고, 비슷한 시기에 중국에서는 공자가 태어났습니다. 뒤를 이어 서양에서는 예수와 무함마드가 인류의 길을 가르치기 시작했습니다. 이대로라면 인류는 멸망할지도 모른다고 생각한 네 명의 성인이 인류가 가야 할 길을 설파했습니다. 하지만 오늘날에 이르기까지 인류는 그 가르침을 온전히 따르려 하지 않고 있습니다.

석가모니는 욕망대로 사는 한 인류는 반드시 멸망하므

> 이나모리 가즈오와 청년들의 대담 ①

2016년 9월 30일 열린 제4회 이나모리 아카데미 심포지엄에서 가고시마대학교 학생들의 질문을 받는 시간을 마련했다.

問 어떻게 하면 바르게 생각하는 것이 가능한가요?
　　가고시마대학교 의학부의 W입니다. 이나모리 선생님께서 자주 말씀하시는 '사고방식×열정×능력'이라는 인생 방정식에서도 사고방식이 플러스 값이 아니면 열정과 능력이 아무리 뛰어나도 소용없게 됩니다. 역시 생각은 바른 것, 그리고 인간으로서 마땅히 해야 할 것으로 이루어져야 한다고 봅니다. 그렇다면 바르게 생각하기 위해선 어떻게 하면 좋습니까?

로 욕망을 버려야 한다고 하며 크게 깨달음을 얻은 분입니다. 그리고 인류에게 수행과 명상을 통해 욕망을 버리고 깨달음을 얻어 해탈에 이르는 길을 가르쳤습니다. 하지만 그로부터 2,500여 년이 지난 현재에도 '욕망을 다스린다'는 인류의 명제를 누구도 제대로 해결하지 못하고 있습니다. 물론 요가나 명상을 하면서 욕망을 버리려고 노력하는 사람도 있고, 어느 정도 깨달음을 얻은 사람도 있습니다. 하지만 전 세계 70억 사람 중 몇십 명이 해탈을 한 것 가지고는 아무것도 나아지지 않습니다.

결국 삶의 본질은
이기심과 이타심의 공존

인간이 욕망에서 자유로울 수 없는 가장 큰 원인은 인간의 마음 그 자체에 있습니다. 다시 말해 인간의 마음속에는 욕망에 뿌리내리고 자라는 무언가가 있다는 말입니다. 석가모니는 이것을 번뇌라 했는데, 본능으로 바꾸어 말할 수도 있습니다. 이것은 자신만 좋으면 된다는 이기심이기도 합니다.

하지만 우리 마음속에는 그와 정반대인 또 한 가지가

있습니다. 그것은 바로 다른 사람을 배려하고 생명이 있는 것들을 널리 사랑하는 이타심입니다. 이타심은 이기심과 함께 앞서거니 뒤서거니 하면서 우리 마음속에서 공존하고 있습니다.

교토대학교는 유인원 연구로 유명합니다. 어느 날 교토대학교 교수 한 분과 이야기 나눌 기회가 있었습니다. 아프리카 콩고까지 가서 침팬지를 연구하던 분이었는데, 아주 놀랄 만한 재미있는 이야기를 들려주었습니다.

인간과 가장 가까운 침팬지의 세계에서도 먹을 것을 친구와 나눠 먹는 일은 없다고 합니다. 어미가 어린 새끼에게 젖을 먹이거나 먹을 것을 주는 일은 있지만, 일단 다 자라면 부모와 자식끼리도 먹을 것을 나누어 먹지 않는다고 합니다. 친구나 형제 사이에선 더더욱 그러하다고 합니다. 인간과 가까운 침팬지가 이 정도이니 다른 동물들은 말할 것도 없습니다

하지만 인류는 가족이 모여 식사를 하고 좋은 일이 있으면 친척과 친구도 불러 맛있는 음식을 함께 나눠 먹습니다. 좋은 것을 다른 사람과 나누고 싶어 하는 마음은 그 어떤 동물에게도 찾아보기 어려운 것입니다. 심지어 인간과 유전자 배열이 거의 일치한다는 침팬지에게서조차 찾아볼 수 없는

특징입니다. 즉, 인간만이 자비와 사랑이 넘치는 마음을 가진 유일한 존재입니다. 식사라는 한 장면을 엿보는 것만으로도 인간에게만 주어진 이런 멋진 특성을 알 수 있습니다.

동물은 번뇌만으로 움직입니다. 자신이 먹는 것을 동료에게 나누어주기는커녕 다가오면 화를 냅니다. 개도 그렇고 고양이도 그렇습니다. 먹을 것을 양보하면 살아남기 어렵다는 것을 본능적으로 알기 때문입니다. 이것은 생물이 살아갈 수 있도록 자연계가 준 번뇌입니다.

하지만 인간은 이것에 더해 이타심을 받았습니다. 그것은 자비와 사랑이 넘치는 마음이기도 합니다. 그리고 그 결과 인간의 마음에는 이기심과 이타심이 공존하게 되었습니다.

마음속으로 생각한 대로 이루어진다

누구든 무언가를 행하기 전에는 생각합니다. 생각을 품고, 행동에 옮긴 것들이 쌓여 지금의 인생이 된 것입니다. 예를 들면 이나모리 가즈오라는 남자가 태어나 80년 가까이 살아오면서 했던 거의 모든 행동은 결국 자신이 선택한 것이었습니다. 아무리 좋은 일도 자신이 해야겠다고 생각하지 않았더라면 하지 않았을 것이고, 아무리 나쁜 일도 자신이 해야겠다고 생각했기에 했던 것입니다.

당신의 현재 상황은 모두 당신의 마음이 반영된 것입니다. 마음에 품어온 생각이 그대로 이루어진 것이고, 그런 생각을 품고 행동에 옮긴 사람도 바로 여러분입니다. 따라서 현재 상황에 불만이 있다 해도 다른 사람을 탓할 필요는 없습니다.

마음에 품은 생각을 실행에 옮긴 결과가 쌓여 오늘의 여러분을 만들었습니다. 예를 들어 과학기술의 발전도 그렇습니다. 모두 인간의 욕망을 토대로 좀 더 편리해지고 싶다는 생각을 품은 결과 탄생한 것들입니다. 비행기만 해도 '하늘을 날아보고 싶다'는 생각을 품고, 그것을 이루기 위해 머리를 쓰고, 지혜를 짜내고, 꾸준히 연구한 결과 만들어진 것입니다. 세상에 비행기를 탄생시킨 동기는 하늘을 날고 싶다는 생각이었고, 이런 생각은 좀 더 편리해지고 싶다는 욕망에 뿌리내린 것이었습니다. 오늘날 우리 주변의 모든 것들은 이런 식으로 하나씩 완성된 것들입니다.

이해득실을 떠나
선악으로 판단한다

여러분은 지금 어떤 생각을 품고 있습니까? 아마도 대부분 자신에게 이익이 되고 유리한 방향으로 삶을 이끌어가려는 욕망에서 비롯된 생각일 것입니다. 아무리 훌륭하고 점잖은 사람이라 해도 한 꺼풀 벗기고 들어가면 누구든 자신에게 좋은 것인가 나쁜 것인가를 기준으로 판단합니다. 생각의 출발점이 욕망이기 때문에 이해득실을 따지게 되는 것입니다. 하지만 욕망에만 충실한 상태로 애쓴다면 일시적으로는 성공할지 몰라도 끝에는 반드시 몰락합니다.

그래서 필요한 것이 이타심을 바탕으로 생각하려고 노력하는 자세입니다. 즉, 어떤 판단을 할 때 손해인가 이득인가부터 따지지 말고 선인가 악인가를 기준으로 판단해야 합니다. 좀 더 구체적으로 이야기하자면 '나 한 사람이 아니라 인류 전체에 좋은 것인가'를 기준으로 판단해야 한다는 것입니다.

우리가 깨달음이나 해탈의 경지까지는 이르지 못한다 해도, 적어도 나만 좋으면 된다는 이기심만은 버려야 합니다. 이때 기억해야 할 사실은 욕망을 억누르지 않는 한 인간은 누구든 자신에게 이득인가 손해인가를 기준으로 매사를 판단하게 됩니다. 따라서 이기심과 욕망을 다스리기 위해선 늘 깨어 있어야 합니다.

이기심이라는 두더지를 잡는 양심이라는 방망이

인류 역사를 돌아볼 때 성인들이 준 가르침에는 공통점이 있습니다. 바로 '수행을 통해 깨달음을 얻어 해탈하라'였습니다. 하지만 보통사람들은 먹지도 않고 일도 하지 않으면서 하루 종일 명상과 수행을 하는 것은 불가능합니다. 그렇다면 두더지잡기 게임의 두더지처럼 불쑥불쑥 고개를 드는 이기심을 잡으려면 어떻게 해야 할까요? 이기심 대신 이타심이 더 크게 마음을 차지하도록 하면 좋을 텐데, 어떻게 그것이 가능할까요?

미국에선 몸과 마음을 함께 다스리려는 사람들 사이에서 요가가 크게 유행이라 합니다. 요가는 인도에서 시작된 오래된 수행법으로 석가모니도 했던 것입니다. 지금도 전 세계적으로 영성을 추구하는 사람들이 많이 하고 있긴 하지만, 나를 포함한 많은 사람들은 좀처럼 수행을 할 만한 시간을 내기가 어렵습니다.

그래서 나만 좋으면 괜찮다는 이기적인 마음을 없애기 위해 항상 석가모니가 남긴 '족함을 안다'는 말을 가슴에 새기고 다닙니다. 여러분도 이 말을 가슴에 새기고 다니다 보면, '그렇게까지 있는 대로 욕심을 부리지 말고 이 정도에서 멈추지'라고 스스로 타이르게 될 것입니다. 그리고 마치 두더지잡기 게임의 두더지처럼 '내가…, 내가…' 하고 쏙쏙 고개를 내미는 이기심을 다스리려면 좀 더 적극적으로 달려들어야 합니다. 양심을 방망이 삼아 그때그때 두드려서 이기심이라는 두더지가 고개를 내밀지 못하게 해야 합니다.

우리 마음속에는 이기심과 이타심이 공존하며 엎치락뒤치락 자리다툼을 하고 있습니다. 둘 중 어느 한쪽, 예를 들어 이기심이 수그러들면, 그만큼 이타심이 더 많은 자리를 차지하고 활발하게 활동할 수 있습니다.

마음의 크기에는 한계가 있습니다. 이타심이 그것을 더 많이 차지하도록 할 것인지, 아니면 이기심이 독차지하게 힐 것인지는 본인이 하기 나름입니다. 늘 깨어 있는 마음으로 이기적인 마음을 다스리면 이타심이 점점 주인 노릇을 하게 되어 매사에 좋은 판단을 할 수 있을 것입니다.

배려하는 마음을
강하게 키우라

이기심을 누르고 다른 사람을 상냥하게 배려하는 마음을 키우면 주위 사람들로부터 이런 말을 듣게 됩니다.

"저 사람은 인간성이 좋아."

"저 사람은 인격자야."

결국 인격을 갈고닦아 좋은 사람이 된다는 것은 다른 사람을 배려하는 이타심이 마음을 가득 채우게 하는 것입니다.

아무리 성인군자라 해도 욕심이 전혀 없는 사람은 없습니다. 인간이 살아 있는 것 자체가 살려는 욕심의 결과이기 때문입니다. 따라서 굳이 모든 욕심을 완전히 버리고 성인군자라도 될 것처럼 스스로를 지나치게 닦달할 필요까지는 없습니다. 다른 사람에 대한 상냥한 배려심을 조금이라도 더 가지려고 노력하면서 이기심을 다스리는 자세가 중요합니다.

인류가 이 사실을 무시하고 이기심에만 끌려다닌다면 현대 문명은 아마 반세기도 유지하기 어려울 것입니다. 현재 이나모리재단은 이런 사실에 대해 경종을 울리기 위해 연구 그룹을 만들었습니다. 더 이상 늦어선 안 된다는 위기감 아래 고고학자, 천문학자 등 여러 전문가를 초빙하여 연구에 박차를 가하고 있습니다.

사실 로마클럽(환경 문제에 관한 대책을 논의하기 위해 1970년 세계 각국의 지식인과 재계인사가 모여 설립한 비영리단체-편집자)이 이미 인류의 미래에 경종을 울린 적이 있습니다. 이 비영리 연구 기관은 지금도 전 세계 규모의 연구를 열정적으로 하고 있습니다만, 일본에서도 이나모리재단이 그런 연구를 시작해 인류가 나아갈 길을 제시해보려 합니다.

• 이 장은 2008년 10월 29일 가고시마대학교 공학부 이나모리 학생상 시상식에서 저자가 했던 연설을 재구성했습니다.

│ 이나모리 가즈오와 청년들의 대담 ② │

2008년 10월 29일 열린 가고시마대학교 공학부 이나모리 학생상 시상식에서 저자의 특별 강연이 끝난 뒤 많은 질문이 있었다.

問 가족이나 회사를 위해 열심히 돈을 벌어야 할 경우에도 '족함'을 알아야 할까요?

욕망에 관해서 하신 말씀 잘 들었습니다. 특히 전 세계적인 금융위기가 욕망에 지나치게 끌려다닌 사람들 때문에 일어났다는 말씀이 인상적이었습니다. 그런데 그중에는 가족을 위해 좀 더 벌고 싶다거나 회사를 위해 더 많은 수익을 내고 싶다는 생각에

제2장 사람은 무엇을 위해 사는가 85

욕심을 부린 사람들도 있을 것입니다. 그리고 서브프라임 모기지론을 이용한 사람들 가운데는 자기 자신만이 아니라 가족을 지키기 위해 집을 마련하려 욕심을 부린 사람들도 있었을 것입니다. 이처럼 '가족이나 회사를 위해서'라는 생각은 이타심에서 비롯된 것이 아닐까 하는 의문이 듭니다. 나 자신이 아니라 회사나 가족을 위해 좀 더 돈을 벌고 싶다고 생각할 때 과연 어느 정도 선에서 '족함'을 알아야 하는 것일까요?

答 **욕망이 지나쳤는지 그렇지 않았는지는 결과가 나와야 압니다.**

아주 예리한 질문을 해주었습니다. 정말 '족함을 알아야 할 때'의 기준은 사람마다 달라집니다. 지금 말씀하신 대로 금융업계 사람들도 나 자신뿐만 아니라 가족을 위해서, 그리고 회사를 위해서 열심히 일합니다. 이런 경우는 이타심이 발휘되는 것으로 보아야 합니다. 이기심에서 시작한 일도 다른 사람을 배려하려는 순간부터 이타심의 지배를 받기 시작합니다. 국가나 그 밖에 자신이 속한 단체를 위해서 하는 일도 마찬가지입니다. 집단 이기주의란 말도 있기는 하지만, 어쨌든 나 자신이 아닌 집단의 다른 사람들을 배려하는 이타적인 행동입니다. 그렇다면 이런 경우 어느 정도 선에서 족함을 알아야 할까요? 앞에서 예로 든 금융위기가 일어난 원인은 멈추지 않고 욕망을 계속 키워나갔기 때문입니다. 이 사태를 일으킨 사람들은 어떻게든 높은 수익을 내기 위해 말도 안 되는 금융 파생상품을 만들고, 세계적으로 몇백 조에 이르는 자금을 끌어들이며 팔아치운 것이 문제였습니다.

이처럼 사람에 따라, 혹은 경우에 따라 어느 정도 선부터 지나친 것이고, 어느 정도 선부터가 족함을 알아야 하는 것인지 판단 기준이 다를 수 있습니다. 따라서 어떤 일의 결과를 예측해보고 현재 일어나고 있는 일이 과잉인지를 판단하는 수밖에 없습니다.

방금 질문한 학생의 말대로 족함을 안다는 것은 아주 주관적인 판단 아래 이루어지는 일입니다. 예를 들어 어떤 사람이 작은 레스토랑을 경영해 성공했다고 합시다. 가족들을 배불리 먹이고 아주 좋은 환경에서 살 수 있게 되자, 이 사람은 '이 정도로 만족해'라고 생각하며, 남는 시간에 봉사활동을 하고 일부 재산도 기부하며 살기로 했습니다.

한편 비슷하게 성공한 다른 사람의 경우엔 '매장 하나만으로는 성에 차지 않아. 다른 곳에도 매장을 내서 세 군데 정도 운영해보고 싶어'라고 생각할 수도 있습니다. 심지어 매장을 100개까지 늘려 체인점으로 만들고 싶다고 생각하는 사람도 있을 것입니다. 그만큼 족함을 안다는 일은 주관적인 것입니다.

사실 욕망이 지나쳤다고 깨달으면서 '족함을 알아야 했는데…' 하고 정확히 깨닫는 시점은 결과가 나오고 나서입니다. 하지만 일이 다 벌어진 뒤에야 '욕심이 너무 지나쳤어' 하고 후회하는 것은 소 잃고 외양간 고치는 격이라 할 수 있습니다. 따라서 가능하면 욕심이 화를 부르고 있다는 사실을 좀 더 빨리 알아차리고, '아직은 회복할 수 있어' 하는 선에서 물러나는 게 좋습니다.

問 얼굴도 보지 못한 사람의 행복을 자신의 행복처럼 생각할 수 있을까요?

　물질적으로 풍요로운 현대 사회에서는 '무엇을 위해 사는가'와 같은 것을 굳이 생각해보지 않아도 얼마든지 잘 먹고 잘살 수 있습니다. 하지만 무엇을 위해 사는지를 생각하고 행동하면, 인류의 발전과 존속이란 길이 보이게 됩니다.

　제 양심은 인류의 존속에 대해 생각해야만 한다고 속삭이지만, 이기적인 마음은 왜 얼굴도 본 적 없는 후손이나 만난 적도 없는 이웃의 행복까지 생각해야 하는지 의문을 제기합니다.

　어쨌든 미래의 후손, 혹은 얼굴 한번 본 적 없는 이웃의 이익과 지금을 살아가고 있는 나 자신의 이익을 함께 생각할 수 있는 비결은 무엇인지요? 이기심과 이타심을 연결해주는 다리 같은 것이 있는지 이나모리 선생님께 여쭤보고 싶습니다.

答 이타심을 발휘할 때 느끼는 행복은 상쾌하고 아름답고 멋진 일입니다.

좋은 질문입니다. 동시에 어려운 질문이기도 합니다. 왜 얼굴도 본 적 없는 사람들의 행복을 바라고 또 이루어주려 해야 하는지가 의문이란 말씀이죠?

참 적절히 표현하기 어려운 문제입니다. 우리가 행복을 느끼는 방법에는 두 가지가 있습니다. 하나는 아주 맛있는 음식을 대접받아 먹으면서 '아, 맛있다'라고 감동하는 것처럼 자신의 욕망을 채웠을 때 느끼는 행복입니다. 또 하나는 이타심이 발동했을 때 느끼는 감동입니다. 버스나 지하철 같은 대중교통을 이용할 때 몸이 불편하거나 나이 드신 분들을 보고 자리를 양보할 때가 있습니다. 이때 상대방이 "아이고, 감사합니다" 하고 기뻐하면, 나도 덩달아 기분이 좋아집니다. 맛있는 음식을 대접받았을 때와는 차원이 다른, 멋지다고밖에 할 수 없는 그런 행복감을 맛보게 됩니다.

이처럼 이타심에서 느끼는 행복과 이기심에서 느끼는 행복은 맛이 다르고 차원이 다른 것입니다. 그리고 일단 이타심에서 느끼는 행복의 맛을 보기 시작하면, 그것이 일시적인 욕망을 채웠을 때 느끼는 행복보다 훨씬 맛있다는 것을 알게 됩니다. 아주 상쾌하고 멋진 행복감이 마음을 가득 채우기 때문에 자연스럽게 이타심을 발휘하고 싶어집니다. 부족하지만 이것으로 대답이 되었겠지요?

제3장
자신의 길을 개척하는 6가지 방법

멋지게 열매 맺는
인생을 살기 위해

지금부터는 내가 예전부터 생각해온 '6가지 정진법'에 대해 이야기하겠습니다. 지나치게 딱딱하고 엄격한 규칙 같은 느낌이 들 수도 있겠지만, 이런 엄격함이야말로 멋지게 열매 맺는 인생을 살아가기 위한 기초라 할 수 있습니다.

요즘은 이런 이야기를 하면 고리타분한 사람이란 소리를 듣는 것도 잘 알고 있습니다. 하지만 인생을 잘 살아가려면 이런 쓴소리도 들을 줄 알아야 한답니다. 그저 재미있고 즐겁게만 지낸다고 해서 인생이 술술 풀리지는 않습니다.

특히 보통 사람들은 하기 힘든 기술 개발에 성공하고, 연구 업적을 쌓아 무언가 튼실한 열매를 맺으려면, 어느 정도는 금욕적이고 성실한 자세로 살아갈 필요가 있습니다. 그래서 이를 위한 6가지 정진법을 제시합니다.

① 누구에게도 지지 않을 정도로 노력한다.
② 겸허하게, 교만하지 않게 행동한다.
③ 매일 반성하며 돌아본다.
④ 살아 있는 것에 감사한다.
⑤ 이타심에서 비롯된 착한 행동으로 덕을 쌓는다.
⑥ 지나치게 감성적인 고민을 하지 않는다.

지금부터 좀 더 자세히 이야기할 이 6가지 정진법을 나는 아예 작은 도자기 찻잔에 새겨 구웠습니다. 매일 아침저녁으로 차를 마실 때 찻잔에 새겨진 글귀를 한 항목씩 새겨 읽으며 저를 돌아보기 위해서입니다.

여러분도 이 6가지 정진법을 실천하고 싶다면, 자신이 가지고 다니는 수첩 같은 것에 한눈에 들어오게 정리해 언제라도 마음에 새기며 읽어 보시길 바랍니다. 아마도 멋지게 열매 맺는 인생을 살게 될 것이라 생각합니다.

① 누구에게도 지지 않을 정도로
　노력한다

6가지 정진법 중 가장 처음에 오는 것은 '누구에게도 지지 않을 정도로 노력한다'입니다. 일을 해나가든, 연구를 해나가든 가장 중요한 것은 누구에게도 지지 않을 만큼 노력하는 것입니다. 다시 말해 모든 일의 성공은 매일 전심전력으로 노력을 기울이는 데서 시작된다는 의미이기도 합니다.

　전심전력으로 노력하지 않고서 일이든 인생이든 성공을 바란다면 헛된 꿈을 꾸고 있는 셈이지요. 열심히 일하고 힘들게 애쓰는 것을 아주 싫어하고, 틈만 나면 즐거운 것만 찾는 사람이 일에서 성공하는 멋진 인생을 보낼 리 없다는 것이 나의 지론입니다.

　극단적으로 말하자면, 전심전력으로 노력하기만 하면 결국 일은 순조롭게 풀립니다. 그리고 어떤 불황이 닥치고 어떤 시대가 와도 노력하는 사람은 그것을 충분히 이겨내고 살아남을 수 있습니다. 보통 일에는 전략과 전술이 중요하다고 합니다만, 최선을 다하는 것 이외에 성공으로 가는 왕도는 없다고 봅니다.

　지금은 전심전력으로 일하지 않아도 어떻게든 밥은 먹

을 수 있고, 경우에 따라 풍요로운 생활도 가능한 시대입니다. 내가 학생일 때는 정말 모두가 가난했고, 우리 가족도 마찬가지였습니다. 따라서 누구든 필사적으로 열심히 일하지 않으면 먹고살기도 힘들었습니다. 하지만 오늘날은 전심전력으로 일하지 않아도 어떻게든 먹고살고 평균 수준의 생활은 할 수 있습니다. 그래서인지 요즘 청년들은 전력을 다해 열심히 일하는 것을 소홀히 여기고 있지는 않나 싶습니다.

일반적으로 학교를 졸업하고 사회에 나와 새롭게 회사에 들어가면 자신이 원하는 직종이 아니었다든가 원하는 연구 분야가 아니었다든가 하면서 불평불만을 늘어놓는 경우가 많습니다. 하지만 자신이 좋아하는 연구, 자신이 좋아하는 기술 개발, 자신이 좋아하는 회사, 자신이 좋아하는 일을 찾아갈 수 있는 사람들은 그리 많지 않습니다. 즉, 세상에 이름을 알리며 훌륭한 일을 해내는 사람 중에는 자신이 그다지 좋아하지도 않은 일을 떠맡았지만, 그 일을 좋아하게 될 정도로 노력했던 경우가 많습니다.

왜 그렇게 좋아하지도 않는 일을, 혹은 그렇게 재미없는 일을 필사적으로 하는가 하고 주변에선 의문을 가질 수 있습니다. 하지만 본인이 정말 그 일에 푹 빠져 지낼 정도로 좋아하게 되었다면 주변에서 뭐라 한들 신경 쓰지 않을 것입니다. 그래서 처음엔 그다지 마음에 들지 않았던 일이라도 좋아하게 되는 것이 무엇보다 중요합니다. 그것도 일에 푹 빠져 지낼 정도로 뜨겁게 좋아해야 합니다. 때문에 젊은 시절 나는 항상 스스로에게 '일에 반해버리자'라고 타일렀습니다.

어렸을 때 어른들이 "반해서 다니면 천 리 길도 한걸음"이라고 하는 말을 들은 적이 있습니다. 좋아하는 사람을 만나러 갈 때는 천 리 길도 그리 멀게 느껴지지 않는다고 합니다.

몇 번이나 강조했지만, 전력을 다한 노력 없이는 인생의 성공도 있을 수 없습니다. 신은 노력한 만큼 상을 받도록 우리 인생을 설계했습니다. 연구든 기술 개발이든 회사 경영이든 모두 노력한 분량에 비례해 성공을 거두게 되어 있습니다. 정말 그럴까 하고 의심이 드는 분도 있겠지만, 꼭 자신이 하는 일에 푹 빠져 마음을 쏟아보십시오. 내 말이 맞는다는 것을 알게 될 것입니다.

② 겸허하게, 교만하지 않게 행동한다

두 번째가 '겸허하게, 교만하지 않게 행동하는 것'입니다. 겸허함이야말로 사람의 인격을 형성하는 자질 가운데 가장 중요한 것입니다. 열심히 고생하고 노력하는 과정에서 인격이 닦이면 겸허한 인간성은 저절로 따라옵니다.

겸허함이란 정말 소중하다고 생각합니다. 특히 여러분이나 저처럼 새로운 기술을 개발하고 연구하는 사람들은 열심히 노력해서 성공하면 주위로부터 많은 칭찬을 듣게 됩니다. 지금 이곳에도 정부로부터 표창장을 받은 분들이 계시는 것으로 알고 있습니다만, 그처럼 상을 받고 주변에서 추켜세워주는 가운데 있다 보면 자기도 모르는 사이에 '난 잘난 사람이야' 하는 생각을 하게 됩니다. 그래서인지 사회적으로 성공한 사람 중에는 겸허함을 갖춘 분들이 그렇게 많지 않습니다. '내가 최고야' 하는 자만심을 떨치지 못한 사람들이 대부분입니다.

자만심에 발목 잡혀 자신이 일하는 분야에서든 사업에서든 몰락하고 만 사람들이 한둘이 아닙니다. 경제계만 보아도 젊은 시절 필사적인 노력을 기울여 회사를 크게 키운 사람 중에는 만년에 불행해진 사람들이 많습니다. 재산이 어마어마하게 많아지고 명예도 따르다 보니 주위에는 칭찬하고 아첨하는 사람만 남게 됩니다. 결국 젊은 시절 맨주먹으로 노력하던 겸허한 모습은 사라지고 자신이 세상에서 가장 잘난 줄 알며 다른 사람들을 무시하는 오만방자한 기업가로 변하고 맙니다. 이런 사람들은 판단력이 흐려진 상태라 자신의 몰락은 물론이고 기업의 몰락까지 자초하고 맙니다. 안타깝게도 전 이런 사람들을 너무 많이 보았습니다.

사실 성공하고자 하는 사람이 가장 먼저 갖추어야 할 것은 겸허함입니다. 그리고 멋진 인격이나 깊은 인간미도 모두 겸허함을 갖춘 사람에게나 가능한 것입니다. 중국 고전에 '겸손의 덕이 있어야 복을 받는다'라는 구절이 있습니다. 겸손한 사람이 아니면 신이 내리는 복을 받기 어렵다는 의미입니다.

정말 맞는 말입니다. 나는 이 말을 늘 가슴에 새기며 스스로에게 잘난 척하지 말고 겸손한 인간이 되라고 타이릅니다. 겸손한 태도와 겸허한 몸가짐은 인생을 살아가는 데 더없이 소중한 자질이라 생각하기 때문입니다. 부디 여러분도 성공하고 안 하고를 떠나서 멋진 인격을 갖춘 사람이란 평가를 받을 수 있도록 겸허한 품성을 갈고닦길 바랍니다.

③ 매일 반성하며 돌아본다

세 번째는 '매일 반성하며 돌아보는' 것입니다. 하루 일과를 마치고 자기 전에 그날 있었던 일을 돌아보며 반성하는 시간이 정말 중요하다고 생각합니다.

예를 들어 다른 사람을 불쾌하게 만들지는 않았는지, 불친절하지 않았는지, 거만하지는 않았는지, 비겁하지는 않았는지, 나만 좋으면 괜찮다는 생각으로 행동하지는 않았는지 돌아봅니다. 매일매일 인간으로서 바른길을 걷고 있는지 어떤지를 확인하는 일이 꼭 필요합니다.

이렇게 스스로 돌아본 뒤, 자신의 행동과 발언에서 조금이라도 반성할 점을 발견했다면 고쳐나가야 합니다. 매일 반성하고 고쳐나가는 하루하루를 보내다 보면 자연스럽게 인격은 성장합니다.

인격 수양뿐 아니라 멋진 인생을 보내기 위해서도 매일매일의 반성은 필수조건입니다. 앞서 몇 번이나 말했듯이 전력을 다해 누구에게도 지지 않을 만큼 노력하고, 잘못한 것은 없는지 반성하기를 매일 되풀이하면, 인격보다 더 깊은 곳에 있는 영혼 자체가 정화되고 아름다워져 앞으로 펼쳐질 인생길을 밝혀줄 것이라고 믿습니다.

저도 젊은 시절엔 때때로 교만해지기도 했습니다. 어느 날 문득 그런 자신의 모습을 깨닫고 고쳐야겠다는 생각이 들어 매일매일 반성하는 시간을 가지게 되었습니다. 물론 미처 반성하지 못하고 지나는 날도 있었지만, 그 사실을 깨달은 순간 잠깐이라도 반성하려고 노력했습니다.

그러던 중 어느 날 책 한 권과 만나게 되었습니다. 20세기 초반에 활동했던 영국 철학자 제임스 앨런이 쓴 《생각하는 대로 As a Man Thinketh》였습니다. 이 책을 읽고 반성한다는 것은 마음이라는 정원의 잡초를 뽑고 비료를 주면 좋은 씨앗을 뿌리는 일이란 것을 알게 되었습니다.

인간의 마음속에는 착하고 자비로운 마음과 나만 좋으면 된다는 비열한 마음이 공존합니다. 이에 대해 제임스 앨런이 했던 말에 대해선 다른 책이나 강연에서도 종종 다루었습니다만, 이번엔 새로운 것을 인용해보겠습니다.

> 바른 생각을 선택해 계속 마음에 품고 있으면
> 우리는 고매하고 숭고한 인간으로 성장할 수 있습니다.
> 하지만 잘못된 생각을 마음이 품고 있으면
> 짐승 같은 인간으로 추락할 수 있습니다.

마음속에 뿌린 생각이라는 씨앗은
모두 자신과 비슷한 종류의 열매를 맺습니다.
그것은 조만간 행동으로 꽃피고 더 나아가
내 주변을 감싸는 환경이라는 열매를 맺게 됩니다.
좋은 생각은 좋은 열매를 맺고,
나쁜 생각은 나쁜 열매를 맺습니다.

늘 자신의 마음을 돌아보면서 바르고 아름답고 멋진 생각을 품고 가꾸면 그만큼 우리는 고상하고 숭고하며 훌륭한 인간으로 성장할 수 있습니다. 반면 나쁜 생각을 늘 마음에 품고 있으면 자연스럽게 짐승 같은 인간으로 추락할 수밖에 없습니다.

세상에는 인간이 할 짓이 아니라고 할 정도로 흉악한 범죄가 가끔 일어납니다. 부모가 자식을 죽이고, 자식이 부모를 죽이는 끔찍한 일을 저지르는 사람이 있습니다. 인간이 저질렀다고는 생각하기 어려울 정도로 끔찍한 일입니다. 제임스 앨런은 이런 죄를 저지른 사람은 마음에 고상하고 아름다운 생각을 품는 대신, 사악하고 이기적인 생각만 키워가다 결국 짐승이나 다름없는 수준으로 타락한 것으로 보았습니다. 따라서 누구든 자신의 마음에서 수시로 사악한 생각이란 잡초를 뽑아내고, 아름답고 선한 생각의 씨를 뿌려 이 생각이 잘 자라도록 정성을 들여야 한다고 했습니다.

제임스 앨런의 이런 주장이 곧 매일 반성하며 되돌아보는 삶을 살아가는 것입니다. 반성이야말로 마음을 닦는 데 가장 필요한 것입니다. 매일 반성을 통해 사악한 생각을 뿌리 뽑고 선한 생각을 심으면 마음은 점점 좋은 쪽으로 자라 결국 우리를 멋진 생으로 이끌어갈 것입니다.

자기만 아는 악한 마음을 보통 '이기적인 자아'라고 합니다. 이런 자아를 다스리며 자기 마음에 있는 선한 생각들이 더욱 잘 자라도록 하는 것을 반성이라 함은 앞에서 이미 몇 번이나 강조했습니다. 그리고 이런 선한 생각으로 가득 찬 좋은 마음을 '진아眞我'라고 합니다.

진아란 마음 가장 깊은 곳에 있는 것입니다. 다른 사람이 잘되도록 애쓰는 이타심이라고도 할 수 있습니다. 사람은 누구든 자기 마음속 가장 깊은 곳에 이런 진아를 가지고 있습니다. 진아를 끌어내 잘 관찰해보면 멋진 이타심과 자비심으로 가득 차 있다는 것을 알 수 있습니다. 상냥하게 배려하는 마음이 진아의 본질이기 때문입니다. 모두 이런 훌륭한 참 자아를 마음 깊은 곳에 간직하고 있지만 표면에는 사악한 마음, 즉 다른 사람을 속이고 끌어내려서라도 자기만 잘 되면 된다고 생각하는 이기적인 자아가 뒤덮고 있습니다. 그래서 나는 이 부분을 걷어내고 그 아래 깊은 곳에 숨어 있는 이타심, 즉 진아를 끌어올려야 한다고 생각합니다.

제임스 앨런 역시 인간의 마음엔 이처럼 상반된 두 가지가 공존하기 때문에 진아가 싹을 틔우고 잘 자랄 수 있도록 이기적인 자아를 뿌리 뽑아 제거하는 작업이 필요하다고 보았습니다.

④ 살아 있는 것에 감사한다

네 번째는 '살아 있는 것에 감사하는' 마음입니다. 나는 감사의 마음 역시 인생에서 더없이 소중한 것으로 봅니다. 인간은 결코 혼자서는 살 수 없습니다. 누구나 자신을 둘러싼 많은 것에 의지한 채 살아가고 있기 때문입니다. 예를 들어 공기도 물도 음식도, 또 가족도 직장 동료도 내가 살아가는 데 도움을 주지 않는 것들이 없습니다. 어쩌면 살아가고 있다는 표현보다는 이들이 나를 '살아가도록 만들어주고 있다'는 표현이 더욱 어울릴 것입니다.

따라서 지금 건강하게 살아가고 있다면 이처럼 '내가 살아가게 만들어주는 것'들에 대해 자연스럽게 감사의 마음을 품게 됩니다. 평소 이런 감사를 느끼며 사는 사람이라면 결코 자신이 불행하다는 생각은 하지 않을 것입니다. 이처럼 살아가는 것, 아니 살아가게 만들어주는 것들에 감사하는 마음은 인생을 풍요롭고 윤택하게 만들어준다고 생각합니다. 따라서 불평불만을 하지 말고 지금 내가 처한 현실에 대해 있는 그대로 감사하며 모든 면에서 더 나아지려 노력해야 합니다.

지금 내가 살아 있다는 것에 대해 신에게 감사하고, 나를 둘러싼 모든 것에 감사하며 하루하루를 보내도록 하십시오. 하지만 감사의 마음을 품어야겠다는 결심만으로 마음이 감사로 가득 차는 것은 결코 아닙니다. 저도 젊었을 때는 '매사에 감사하라'는 가르침에 반감을 느끼며 반항했던 적이 있습니다.

하지만 어느 날 문득 거짓말이라도 좋으니 "감사합니다"라고 말하는 습관을 들이자고 스스로 타이른 뒤, 지금까지 그 철칙을 지키고 있습니다. 매사에 '참 고마운 일이다'라고 생각하며 "고맙습니다"라고 인사하다 보면 자연스럽게 감사의 마음이 생기고 그것을 말로 표현하는 습관이 몸에 배게 됩니다.

감사하다는 말을 하고 나면 어느새 정말 감사한 기분이 들고 그 말을 듣는 사람들도 당연히 좋은 기분이 됩니다. 더불어 따뜻하고 즐거운 분위기가 만들어지는 것은 두말할 필요도 없지요. 반면에 불평불만으로 가득 찬 가시 돋친 말이 빚어낸 분위기는 자신은 물론이고 주위 사람들에게도 불행을 가져옵니다.

"감사합니다!"란 한마디가 주변을 얼마나 밝게 만드는지는 여러분도 이미 경험했을 것입니다. 예를 들어 버스나 지하철에서 노인에게 자리를 양보했던 경험을 떠올려 보세요. 노인이 자리에 앉으면서 "고마워요" 하고 인사하면 자리를 양보한 나는 물론이고, 그 장면을 바라보는 주위 사람들도 모두 밝고 흐뭇한 기분이 듭니다.

이처럼 밝은 분위기를 만드는 선의는 주위 사람들에게도 전달되어 또 다른 선한 행동을 낳습니다. 그리고 이런 일이 계속 이어지면 우리가 살아가는 이 사회는 더욱 멋진 곳이 되겠지요.

다행히 일본 사회는 "감사합니다"란 인사말에 인색하지 않습니다. 뿐만 아니라 "제게 넘치는 과분한 일입니다"라는 말도 자주 사용합니다. 겸양의 미덕이 고스란히 담겨 있는 이 말은 '나 같은 사람이 이런 행운을 누리고, 이처럼 좋은 대우를 받아서 몸 둘 바를 모르겠다'는 뜻입니다. 고맙다는 말을 직접 하지는 않아도 감사의 마음을 전할 수 있는 말입니다.

최근엔 잘 쓰지 않는 "면목이 없습니다"라는 말도 있습니다. 이것 역시 "감사합니다"의 다른 표현입니다. '이렇게 좋은 것을 베풀어주시니 너무 감사해서 어찌해야 좋을지 모르겠다'는 뜻입니다. 어떤 식으로 말을 하든 사소한 일에도 감사할 줄 아는 마음처럼 중요한 것도 없습니다.

감사를 표현하는 말들은 큰 힘을 가지고 있습니다. 말하는 당사자의 기분을 좋게 만드는 것은 물론이고, 듣는 사람과 주위 사람들까지도 행복한 기분을 맛보게 만듭니다. 이 만병통치약과도 같은 말은 여러 사람에게 행복한 인생을 선사할 수 있는 힘을 가지고 있다고 생각합니다. 따라서 "감사합니다"를 습관처럼 입에 달고 사는 것이 가장 좋지 않을까 생각합니다.

⑤ 이타심에서 비롯된 착한 행동으로
   덕을 쌓는다

다섯 번째는 '이타심에서 비롯된 착한 행동으로 덕을 쌓는' 것입니다. 앞에서도 말했듯 착한 행동을 한다는 것은 진심으로 다른 사람을 위하는 이타심에서 우러난 행동으로 덕을 쌓는다는 의미입니다. 중국 고전에 '선을 쌓는 집안에는 반드시 경사가 있다'는 말이 있습니다. 이타심에서 비롯된 착한 행동으로 덕을 쌓으면 대대로 그에 상응하는 좋은 일이 생긴다는 뜻입니다. 이처럼 중국 사람들은 덕을 쌓으면 본인만이 아니라 자손에게 이르기까지 행운이 찾아온다고 믿었습니다.

나는 예전부터 인과응보 법칙을 믿었고, 다른 사람들에게도 그것을 강조해왔습니다. 젊은 시절 나는 동양 사상가이자 양명학 연구의 대가인 야스오카 마사히로 선생의 《운명과 입명 運命と立命》이라는 책을 읽고 크게 감명받았습니다. 야스오카 선생은 이 책에서 세상이 인과응보의 법칙에 따라 돌아간다고 말씀하십니다. 항상 착한 행동을 거듭해가면 그 인생에는 그에 대한 보답으로 좋은 일이 계속 일어난다는 뜻입니다. 또, 이타적인 행동으로 덕을 쌓으며 친절하고 자

비롭고 배려하는 마음으로 다른 사람을 대하는 것이 중요하다는 이야기이기도 합니다.

야스오카 선생이 《운명과 입명》에서 전달하고자 했던 가르침을 몇줄 정리해보면 다음과 같습니다.

사람에겐 저마다 정해진 운명이 있습니다.
누구나 자기만의 운명에 따라 살아가지만, 자기만의 여러 가지 생각과 말을 자기 의지대로 할 수는 있습니다.
선한 생각을 품고 선한 행동을 할지, 악한 생각을 품고 악한 행동을 할지, 이 중요한 선택에 따라 운명은 바뀝니다.
운명이란 결코 바뀔 수 없는 그런 것이 아닙니다.

그렇습니다. 흔히 운명을 따라 사는 게 인생이라고 하지만, 사실은 인과응보의 법칙을 따라 사는 것입니다. 좋은 생각을 하고 좋은 행동을 하면 운명은 좋은 쪽으로 흘러가고, 나쁜 생각을 하고 나쁜 행동을 하면 운명 나쁜 쪽으로 흘러갑니다. 이것이 바로 야스오카 선생이 《운명과 입명》에서 강조한 내용입니다.

제 생각에도 항상 좋은 행동을 하고 다른 사람에게 친절을 베푸는 것은 정말 중요합니다. 단, 여기에는 덧붙여서 생각해보아야 할 문제가 하나 있습니다. 예부터 일본에는 '인정을 베푸는 것은 남을 위해서가 아니다'라는 말이 있습니다. 다른 사람을 위해 착한 행동을 하면 결국 자신에게 그만큼 좋은 일이 일어난다는 뜻입니다. 또, 다른 사람을 위해 한 일이 결국 자신을 위한 일이 되고 말았다는 뜻이기도 합니다.

하지만 다른 사람에게 친절을 베풀었더니 거꾸로 그 일이 자신을 궁지로 몰아가 피해를 입히는 일도 종종 있습니다. 예를 들어 친구가 대출을 받기 위해 연대보증을 서달라는 부탁을 하는 경우가 있습니다. 이때 친구를 위해 좋은 일을 하는 것이라 생각하고 보증을 섰다가 아주 어려운 일을 당하고 전 재산을 날리는 일까지 있습니다.

이런 일을 볼 때마다 다른 사람을 위하는 착한 행동에는 두 종류가 있다는 생각이 듭니다. 하나는 '작은 선행'이고, 나머지 하나는 '큰 선행'입니다. 작은 선행이란 친구가 자금 사정이 안 좋아 대출을 받는데 보증을 서줄 사람이 필요하다는 이야기를 듣고, 불쌍한 마음에 보증인이 되어주는 것입니다. 친구가 그런 일을 부탁하러 왔을 때 어떤 사연인지 자세히 물어보면 회사 경영이 엉망이거나 생활 태도에 문제가 많아 곤란한 처지에 빠진 경우가 많습니다. 이런 사람에게 연대보증을 서주면 그의 생각을 지지해주는 꼴이 되므로 오히려 사태를 악화시키기 쉽습니다.

이럴 때는 확실하게 "지금 괴로운 입장인 것은 알겠지만 연대보증을 서주는 것은 오히려 자네를 위한 일이 아니라는 생각이 들어"라고 단호히 거절해야 합니다. 너무 비정한 일이라는 생각이 들지 몰라도 이것이 바로 큰 선행입니다. 이처럼 큰 선행은 때로 비정함과 닮았습니다.

"좋아, 알았어" 하면서 연대보증인이 돼주는 것은 작은 선행입니다. 이런 작은 선행은 상대를 망칠 뿐만 아니라 내 재산까지 잃어버리게 만들기 쉽습니다.

이타심에서 비롯된 착한 일을 해서 선행의 덕을 쌓을 때는 이처럼 작은 선행과 큰 선행 중 무엇을 우선해야 할지 잘 생각해야 합니다.

예를 들어 부모는 누구나 자신의 아이가 너무 사랑스러운 나머지 애정을 듬뿍 베풀어줍니다. 이때 "괜찮아, 괜찮아" 하면서 응석을 다 받아주면 아이는 제멋대로 자라 남을 배려할 줄 모르는 사회성이 부족한 어른이 되기 쉽습니다. 이렇게 자란 아이들은 대부분 스스로 인생을 헤쳐나갈 능력이 부족한 사람이 되고 맙니다. 귀여운 자녀를 지나치게 사랑한 나머지 아이에게 무조건적인 사랑이란 선행을 베풀었는데, 그것이 오히려 독이 되고 맙니다. 작은 선행은 이처럼 원하지 않는 나쁜 결과를 불러오기도 합니다. 작은 선행을 베풀었기 때문에 그 아이가 훌륭한 어른으로 자라지 못했다는 것은 결과적으로 큰 악을 불러옵니다. 그래서 작은 선행은 큰 악과 닮았다고 하는 것입니다.

"응, 응" 하면서 아이의 응석을 다 받아주는 작은 선행을 벗어나 엄하게 인간의 도리를 가르치는 큰 선행을 베푸십시오. 일본에는 '귀여운 자식일수록 여행을 시켜라'라는 속담이 있습니다. 사랑스러운 자녀일수록 고생스러운 여행을 하도록 만들어 인생살이의 엄한 현실을 배우게 만드는 것이 중요합니다. "아직 어린아이인데 혼자 여행을 보내다니요"라며 주변 사람들이 걱정할지도 모릅니다. 하지만 아이에게 일부러 힘든 경험을 시키며 엄하게 키웠더니 나중에 훌륭한 어른으로 자란 사례가 많습니다. 아이를 고생시키는 듯한 행동이 사실은 큰 선행이었던 것입니다. 그래서 큰 선행은 비정함과 닮았다고 합니다. 자녀를 훌륭하게 키우는 큰 선행을 이루기 위해서라면, 비정하게 보이는 것은 어쩔 수 없는 일입니다. 괜찮다 하면서 아이의 응석을 다 받아주는 너그럽기만 한 부모는 오히려 나중에 아이를 망치는 큰 악을 불러오기 때문입니다.

⑥ 지나치게 감성적인 고민을 하지 않는다

여섯 번째는 '지나치게 감성적인 고민을 하지 않는' 것입니다. 우리는 인간인 이상 늘 실패합니다. 그리고 다음에 같은 실패를 하지 않기 위해 반성할 때 마음속으로 끙끙 앓으며 자책하는 경우가 많습니다. 이처럼 마음속으로 끙끙 앓는 감성적인 고민은 하지 말아야 한다고 생각합니다.

인생을 살아갈 때 마음을 어지럽히는 걱정거리나 크고 작은 실패는 늘 일어납니다. 하지만 엎지른 물을 주워 담을 수 없는 것처럼 이미 벌어진 일에 대해 후회하고 안타까워하며 마음속으로 끙끙 앓고 있어봤자 나아지는 것은 하나도 없습니다.

후회하고 안타까워하고 미워하는 것과 같은 부정적인 감정들이 마음을 계속 짓누르면, 결국 마음에 병이 생깁니다. 그리고 마음을 비추는 거울인 육체에도 이상이 생기고 결국 인생 자체가 불행해지고 맙니다. 이미 일어난 일에 대해 계속 생각하며 괴로워하지 말고, 마음을 다잡아 반성한 뒤엔 새로운 생각을 품고 새로운 행동으로 옮겨가려는 자세가 중요합니다. 실패에는 물론 반성이 뒤따라야 합니다. 왜 실패했는지를 알아야 다음에도 같은 일을 되풀이하지 않기 때문입니다. 이때 같은 실패를 반복하지 않겠다는 굳은 결심을 하는 것도 중요한 일이기는 합니다. 하지만 실패를 두고두고 되새기며 괴로워하고 후회하는 일은 바람직하지 않습니다.

일을 하다 실패하면 누구나 걱정을 합니다. 하지만 걱정한다 해서 실패한 일을 되돌릴 수 있는 것은 아닙니다. 사실 후회해봤자 소용없다는 것을 알면서도 '그때 이렇게 해서 실패하지 않았더라면…' 하고 생각하며 괴로워합니다. 감성적인 고민을 하지 않는다는 것은 이런 의미 없는 고민을 되풀이하며 마음을 괴롭히지 않는다는 뜻입니다. 이미 일어난 일은 어쩔 수 없습니다. 깨끗이 정리하고 새로운 일에 몰두하는 자세가 중요합니다.

예를 들어 스캔들에 휘말려 도덕적으로든 법률적으로든 문제를 일으켜 큰 실패를 했다고 합시다. 대부분 사회적으로 물의를 일으키는 스캔들은 본인은 물론이고 부모 형제와 주위 사람들에게까지 큰 피해를 줍니다. 하지만 그렇다 해도 왜 그런 실패를 했는지 충분히 반성한 뒤, 다시는 그런 일이 생기지 않도록 하겠다고 마음을 다잡고 노력하면 됩니다.

불명예스러운 스캔들에 휘말려 몸도 마음도 만신창이

가 될 정도로 끙끙거리며 고민하다가 결국 목숨을 끊고 마는 안타까운 사례를 봅니다. 이렇게 되지 않으려면 실수나 실패를 곱씹으며 우울한 마음으로 스스로를 괴롭히는 일을 당장 그만두는 편이 좋습니다. 불상사를 불러일으킨 것은 과거의 자기 자신이 지은 죄입니다. 잘못을 저지른 결과로 비난을 받고 있으니 충분히 반성하고 다시는 그런 일이 생기지 않도록 하겠다는 결심을 해야 합니다. 그리고 지난날의 실수에 얽매여 끙끙거리며 고민하는 일은 당장 그만두어야 합니다.

몸도 마음도 망가질 정도로 침울한 상태에 빠져 있는 자신을 오히려 격려하고, 다시 새롭게 일어서려는 자세가 중요합니다. 독자 여러분도 이 사실을 충분히 가슴에 새기고 앞으로 남은 인생길을 걸어나가길 바랍니다.

• 이 장은 2009년 10월 15일에 가고시마대학교 공학부 이나모리 학생상 시상식에서 저자가 했던 연설을 재구성했습니다.

제4장

일에 철학을 불어넣는다

어떤 생각을 하는지에 따라 달라지는 인생

이번 장의 주제는 '왜 일과 경영에 철학이 필요한가'입니다. 이 장의 제목으로 크게 내걸긴 했지만, 내가 말하고자 하는 철학이란 결코 어려운 것이 아니고 '사고방식'을 의미합니다. 즉, '일과 경영에 왜 사고방식이 중요한가'를 이해시켜드리고 싶습니다. 지금부터 내가 하려는 이야기는 일과 경영은 물론이고, 동시에 인생을 살아가는 데에도 아주 중요합니다.

어떤 철학, 즉 그 사람이 어떤 사고방식을 가지고 있는지에 따라 인생이 결정됩니다. 그 정도로 철학은 중요한 것입니다. 하지만 이런 사실을 가르쳐주는 사람은 별로 없습니다.

내가 이 나이까지 살아오면서 날마다 깨닫는 것은, 역시 인생이란 어떤 사고방식을 가졌는지에 따라 가는 길이 달라진다는 것입니다. 그런데도 사고방식이란 것이 얼마나 중요한지에 대해 알아차리지 못한 사람들이 더 많은 듯합니다.

현대인들의 공통된 사고방식이 있다면, 그것은 "어떤 사고방식을 가질지는 내가 알아서 합니다. 당신한테 그런 잔소리까지 듣고 싶지는 않습니다"라는 것입니다. 또, 부모가 무슨 말이라도 하면 "그런 건 중요하지 않아. 내 일은 내가 알아서 해"라며 거부합니다. 그래서 여러분에게 더욱 일과 경영에서 사고방식이 얼마나 중요한지, 자신의 생각과 기업가의 사고방식이 인생과 기업의 모든 것을 어떻게 결정하는지를 이야기해주고 싶습니다.

본격적인 이야기에 들어가기 전에 우선 나 자신이 살아온 길에 대해 잠깐 들려드리겠습니다.

사고방식을 바꾸기 전까지
불운의 연속이었던 인생

나는 1932년 가고시마시에서 7형제 가운데 차남으로 태어났습니다. 당시는 전쟁 전이었고, 아버지가 운영하는 인쇄소가 잘 돼서 집안 형편은 넉넉했습니다. 하지만 제2차 세계대전을 갈림길로 내 운명은 크게 바뀌었습니다. 전쟁이 끝나기 1년 전인 1944년에 중학교 입시에 보기 좋게 떨어졌고, 그다음 해에 다시 도전했지만 또 떨어지고 말았습니다.

초등학교 졸업을 앞두고 결핵에 걸려 죽음의 갈림길에 서기도 했습니다. 밤낮으로 계속되는 폭격으로 폐허가 된 가고시마의 한 귀퉁이에서 덜 익은 채 말라비틀어져 가는 푸른 표주박처럼 누워 있었지요. 정말 우울하기 그지없는 소년 시절이었습니다.

결국 우리 집도 공습을 받아 타버렸고, 다른 사람들처럼 가난하기 짝이 없는 생활을 하게 되었습니다. 하지만 학교 선생님의 강한 권유와 형제들의 도움을 받아 어찌 됐든 고등학교에 진학했고, 대학에 갈 기회도 얻게 되었습니다.

원래 내가 가고 싶어 했던 곳은 오사카대학교 의학부였지만 떨어지고 말았습니다. 그래서 별수 없이 진학하게 된 곳이 당시 막 생겨난 가고시마대학교 공학부 응용화학과였습니다. 학교 건물도 제대로 없어 이시키에 남아 있던 육군 막사를 강의실로 써야 했습니다.

대학교를 졸업했던 1955년은 불황으로 취직난이 심각하던 시기였습니다. 갓 세워진 지방 대학을 나와 이렇다 할 연줄도 없었기 때문에 직장을 구하기가 하늘의 별 따기만큼 어려웠습니다. 대학 은사님의 소개를 받아 교토에 있는 제조회사에 겨우 취직했습니다. 송전선용 절연품을 만드는 회사였습니다.

나는 유기화학을 전공했기 때문에 무기화학을 이용하는 세라믹 부품 제조회사에 입사할 이유가 없었습니다. 하지만 워낙 취직이 어렵던 시절이라 '여기라도 들어가고 봐야겠다'는 생각에 급하게 방향을 수정해 무기화학 관련 졸업논문을 쓴 뒤 직장을 구하게 된 것입니다.

그런데 막상 들어가고 보니 계속 적자를 보고 있는 열악한 회사였습니다. 직원들 월급도 제날짜에 주기 어려운 형편이라 월급날이 되면 "미안하지만 한 주만 더 기다려주게"라는 말을 예사로 들었습니다. 많지는 않아도 월급 정도는 받으며 생활할 줄 알았는데 예상치도 못한 가난이 찾아왔습니다. 집을 떠나 자취를 하고 있었기 고생이 더더욱 크게 느껴졌지요.

회사 상황이 안 좋은 것도 문제였지만, 머물고 있는 기숙사도 형편없었습니다. 너덜너덜하게 찢어진 다다미가 깔린 방에 풍로와 냄비를 들여놓고 밥을 해 먹으며 지내야 했습니다.

대졸 입사 동기는 모두 다섯 명이었습니다. 그런데 아무리 취직이 어려운 시대라 해도 근무 환경이 너무 열악하다 보니 동기들이 하나둘 회사를 떠나기 시작했습니다. 8월이 되자 다섯 중 둘만 남게 되었습니다. 나와 함께 남아 있던 동기는 교토대학교 공학부를 졸업한 규슈 출신 청년이었습니다.

이 친구와 나는 틈만 나면 "이 회사는 안 되겠어. 그만두자" 혹은 "그만둔다면 어디 갈 데는 있을까?" 하고 함께 고민했습니다. 그러던 어느 날 동기가 "군 장교 양성 학교라는 곳이 있는데, 거기에 갈까? 아마 여기보다 월급을 많이 줄 거야"라고 말했고, 우리 두 사람은 함께 입학시험을 보았습니다.

하지만 나는 가족의 반대도 있고 해서 합격했는데도 가지 않았습니다. 그런데 같이 시험을 보았던 동기는 합격 소식을 듣자 기다렸다는 듯이 사표를 내고 떠나버렸습니다.

이제 다섯 명의 입사 동기 가운데 나 혼자 남아 일하는 처지가 되고 말았습니다.

연구에 몰두했더니
인생만사가 술술 풀리다

혼자 막다른 골목에 버려진 기분이 들자 문득 깨달은 것이 있었습니다. '이렇게 매일 투덜거려봤자 소용없어'라는 생각이 들었습니다. 즉, 사고방식을 바꾸게 된 것입니다. 그때까지 나는 스스로 정말 운이 나쁜 사람이라고 생각하며 하루하루를 보내고 있었습니다. 아무리 생각해도 대학을 졸업할 때까지는 불운의 연속이었습니다. 중학교 입시도, 대학교 입시도, 취직 시험도 보는 족족 떨어지니 내가 원하는 곳에선 모두 저를 밀어내는 것 같았습니다.

대학을 졸업할 때에는 성적이 꽤 좋았기 때문에 당시 교수님도 "이나모리 군 정도라면 특별한 연줄이 없어도 어디든 취직이 될 거네" 하시면서 여러 회사에 추천해주셨습니다. 하지만 매번 불합격 통보를 받자 불평불만이 쌓이고 세상이 싫어졌습니다.

대학 때 나는 가라테 동아리에서 활동했습니다. 동아리가 처음 생기고 소림사 무술을 배운 선생님을 특별히 모셔 왔다는 소식을 듣고 가입했지요. 조금 완력이 생기고 기술이 늘자 '연줄이 없으면 취직도 안 되는 이런 불공평한 세상이라면, 차라리 조직폭력배라도 되는 게 낫지 않을까?'라는 생각을 한 적도 있었습니다.

그러던 차에 우연히 교수님의 소개를 받아 연속 적자를 보던 기업에 들어가게 된 것입니다. 원래도 불평불만에 가득 차 있던 나는 회사에 들어간 후 더더욱 불만을 마음속에서 키우게 되었습니다. 그런데 함께 매일같이 푸념을 쏟아놓던 동기들이 모두 그만두고 혼자 남게 되자, 더 이상 도망갈 곳 없는 막다른 궁지에 몰린 기분이 들었습니다. 그러자 문득 '더 이상 이렇게 살아선 안 되지' 하는 생각과 함께 사고방식에 180도 전환이 일어났습니다.

그즈음 연구실 과장으로부터 "우리 회사는 송전용 전선에 쓰이는 절연체를 만들고 있지만, 이 제품만 가지고선 언제까지 회사가 유지될지 모르네. 앞으론 전자제품의 시대가 열릴 거야. 고주파 절연 성능이 있는 새로운 세라믹 재료를 개발하려고 생각 중이야. 어때? 자네가 이 일을 한번 해 보겠나?"라는 말을 들었습니다. 이 한마디로 인해 나는 새로운 연구를 혼자 시작해보겠다는 투지에 불타기 시작했습니다. 관련 자료를 찾아보니 미국에서 나온 간단한 논문만 두세 편 있을 뿐이었습니다.

하지만 이제 더 이상 도망갈 곳은 없다고 생각했습니다. 오직 연구에만 매달려보기로 했습니다. 일단 연구에 매달리기 시작하자 기숙사에 돌아가 밥 먹고 자는 시간도 아까웠습니다. 결국 기숙사에 있는 풍로와 냄비를 연구실로 가져와 연구가 끝나면 그곳에서 밥을 해 먹고 의자에 누워 자기로 했습니다. 그렇게 연구에 몰두하자 점점 더 성과가 나타나기 시작했고, 성과가 보이자 연구는 더더욱 즐거워졌습니다. 연구가 즐거워지자 몰입이 깊어져 더 많은 성과를 올리는 선순환이 이때부터 계속되었습니다.

그러는 사이 상사가 칭찬을 해주고, 임원들도 일부러 연구실까지 찾아와 "자네가 이나모리 군인가? 멋진 연구를 하고 있다고 들었네" 하고 격려해주었습니다. 이런 분위기에서 나는 더 힘을 낼 수 있게 되었고, 연구도 더 재미있게 느꼈습니다.

어둡기만 했던 인생길에 점점 따뜻한 햇살이 비추기 시작했습니다. 좋은 방향으로 전환이 시작된 것입니다. 입시에 몇 번이나 실패하고 대학을 졸업하고도 취직이 되지 않아 운이 없다고만 생각하며 지냈던 암울한 청년 시절. 하지만 간신히 입사를 하고 연구에 몰두하면서 어둠이 걷히기 시작했습니다. 그리고 그때 처음으로 인생에 대한 사고방식도 바뀌었습니다.

이렇게 인생의 방향이 바뀌고 나서 약 1여 년만에 처음으로 '포스테라이트'라는 고주파 절연재를 합성해내는 데 성공했습니다. 제대로 된 설비가 없어 만드는 데 무척 고생을 했습니다. 고도의 측정장치를 직접 만들어 쓰는가 하면, 어떤 것은 대학 연구실을 찾아가 빌려 쓰기도 했습니다. 하지만 포기하지 않고 매달린 끝에 결국 포스테라이트를 합성해낼 수 있었습니다.

사실 이미 1년 전 미국의 GE General Electric가 포스테라이트 합성에 성공했다는 논문이 나와 있기는 했습니다. 하지만 미국의 대기업인 GE가 겨우 1년 전에 해낸 일을 설비도 제대로 갖춰지지 않은 낡은 연구소에서 저 혼자 이루어냈다는 기쁨은 가슴 벅찰 정도로 큰 것이었습니다.

당시 마쓰모토 전기에서는 TV를 대량 생산하고 있었는데, 내가 개발한 포스테라이트 절연재를 브라운관에 넣을 부품으로 쓰고 싶어 했습니다. 만년 적자를 면치 못했던 회사가 대기업으로부터 어마어마한 주문을 받기에 이른 것입니다. 나는 이제 제품 연구만이 아니라 생산까지 책임지게 되었습니다. 어쨌든 기울어가던 회사에 다시 일어설 계기가 생겼기 때문에 간부들은 물론이고 회사 전체가 기뻐했지요.

TV가 날개 돋친 듯 팔리던 시절이라 주문이 끝도 없이 밀려들었고 밤새워 일해야 할 정도였습니다. 그러던 중 미국에서 새로운 제품 개발 소식이 날아들었습니다. 포스테라이트로 새끼손가락 끝마디 크기의 진공관을 만들었다는 것이었습니다. 그때까지 쓰이던 진공관은 유리로 만든 커다란 것이었습니다. 일본에선 히타치제작소가 발 빠르게 움직여 미국 GE로부터 기술을 들여와 새로운 진공관을 만들고자 했습니다. 그런데 재료인 포스테라이트를 만드는 유일한 업체가 우리 회사였기 때문에 나를 찾아와 샘플을 만들어달라고 했습니다. 샘플이 제대로 만들어지면 이 세라믹 진공관을 사용해 훨씬 작고 튼튼한 TV나 라디오를 만들려는 것이 그들의 목표였습니다. 오늘날 널리 쓰이는 실리콘이란 재료가 개발되기 전의 이야기입니다.

히타치제작소의 생각에 나도 감격해 당장 세라믹 진공관 만드는 일에 달려들었습니다. 그런데 이 새로운 작업이 생각보다 만만치 않았습니다. 의뢰한 회사에서 계속 재촉을 했지만 완제품이 잘 나오지 않았고, 겨우 샘플을 만들어도 작동이 마음에 들지 않았습니다.

히타치로부터 계속 클레임이 들어오자 상사인 기술부장이 저를 불렀습니다.

"이나모리 군, 이 일은 자네한텐 무리야. 지금까지는 잘 해왔지만 더 이상 안 되겠어. 다른 연구자들에게 맡겨보지."

회사에는 교토대학교 출신의 연구원 간부들이 몇 명 있었는데, 그들이 이 일을 맡기로 했습니다. 나는 자존심에 큰 상처를 받은 나머지 화를 참지 못하고 말했습니다.

"그 말씀은 제가 더 이상 이 회사에 필요 없다는 얘깁니까? 그렇다면 그만두겠습니다."

지식도 경험도 없이
마음의 좌표축으로 정한 것

내가 그만두겠다고 하자 부하직원들 몇 명과 아버지뻘이었던 제작부장도 함께 사표를 썼습니다. 우리는 그동안 전력을 다해 키워온 기술을 바탕으로 지인들로부터 자금을 빌려 회사를 세우기로 했습니다. 이렇게 해서 1959년 자본금 300만 엔으로 '교토세라믹'을 세우게 되었습니다. 제 나이

딱 27세 때 일입니다.

　요즘 벤처기업이라 하면 스스로 자금을 끌어모아 기업을 세우는 것이 당연하지만, 당시엔 그리 흔하지 않은 일이었습니다. 아직 서른도 안 된 나는 이렇다 할 사업 자금을 모아 놓지 못했습니다. 다 그러모아 봤자 1만 5,000엔이 전부였습니다. 300만 엔에 이르는 사업 자금은 저를 믿어준 분들이 모아준 돈이었습니다. 자금을 모아주거나 빌려준 분들은 모두 훌륭한 인격을 갖추신 분들이었습니다. 특히 니가타 출신인 니시에다 이치에 씨는 어린 시절 절에서 자랐기 때문에 신앙심도 깊고 인품도 더없이 훌륭하신 분입니다.

　"이나모리 씨, 사업이란 것은 천에 하나 만에 하나 성공하면 좋은 것입니다. 이나모리 씨야 워낙 성실한 분이니 성공할 수도 있지만 실패할 가능성도 크다고 생각합니다"라면서 집과 택지를 저당 잡혀 대출받은 1,000만 엔을 내게 빌려준 분이기도 합니다. 니시에다 씨의 부인도 "우린 아이도 없는데, 이 사람이 27세 청년을 피붙이처럼 아끼니 그것으로 좋은 것 아니겠어요? 집이나 땅은 그리 중요하지 않아요"라고 말씀하셨습니다.

　나는 어릴 적부터 '한번 울면 세 시간'이란 별명이 붙을 정도로 마음 약한 울보였습니다. 또 입학시험이나 입사시험마다 떨어지다 보니 따뜻하게 환영받은 기억이 거의 없었습니다. 그런 내게 니시에다 부부가 그토록 큰 신뢰와 애정을 보여주자 몸이 떨릴 정도로 감동할 뿐이었습니다.

창업과 동시에 중졸 사원 20명을 채용하고 모두 합쳐 28명으로 회사를 꾸렸습니다. 처음엔 직원들이 사소한 일 하나를 가지고도 내게 "이렇게 하면 좋을까요? 아니면 저렇게 하면 좋을까요?" 하고 물어보러 왔습니다. 그때마다 나는 "그건 이렇게 하지" 혹은 "그건 안 되겠어" 하고 판단을 내려야 했습니다. 이렇게 수도 없이 반복되는 판단을 잘하려면 마음속에 판단의 기준이 되는 좌표축이 있어야 합니다. 이때 좌표축이란 내가 가지고 있는 사고방식, 즉 철학을 말합니다.

그냥 좋거나 싫은 기분에 따라 판단할 수도 있지만, 그러다 한 가지라도 잘못 판단하게 되면 회사가 위험이 빠질 수도 있습니다. 그때 문득 판단이란 개개인의 인생에서도 더없이 소중한 것이 아닌가 하는 생각이 들었습니다. 우리는 하루에도 수십 번 바른 판단을 하기도 하고 그른 판단을 하기도 합니다. 결국 인생이란 그런 수많은 판단이 쌓여 이루어지는 셈입니다.

다시 경영에 있어 판단의 중요성에 대해 이야기하자면,

당시 저의 가장 큰 고민은 "열 가지 판단 중 아홉 가지를 옳게 내려도, 그중 한 가지를 그르치면 모든 것을 망칠 수도 있다. 경영에선 매사에 어떤 판단을 내리는지가 무엇보다 중요하다. 정말 큰 책임감을 동반하는 일이다. 그렇다면 하루에 수도 없이 내려야 하는 판단의 기준을 어디에 두면 좋을까?"였습니다. '친척 중에 누군가 훌륭한 분이라도 있어 조언을 구하면 좋을 텐데…' 하는 생각이 들었지만, 그런 사람도 없고 해서 앞에서 말씀드린 니시에다 씨를 찾아가 고민을 털어놓았습니다.

니시에다 씨는 "이나모리 씨, 무슨 말씀입니까? 내가 있지 않아요? 여러모로 내가 선배이니 무엇이든 물어봐요. 가르쳐줄 테니"라고 흔쾌히 이야기했습니다. 당시 니시에다 씨는 미야키전자기기제작소의 전무였기 때문에 경영에 대해 많은 조언을 해줄 수 있었습니다. 하지만 도움을 받으면서도 한편으론 좀 건방진 생각이 들었습니다. 그다지 큰 회사의 경영진도 아닌 니시에다 씨의 판단에 모든 것을 맡겨도 괜찮을까 하는 의문이었습니다.

결국, '우리 회사 일은 내가 알아서 판단하는 수밖에 없다'는 결론에 이르렀습니다. 하지만 판단 근거로 삼을 지식도 경험도 부족했습니다. 그래서 그 순간 마음을 고쳐먹었습니다. 부족한 지식이나 경험에 연연하지 말고 '어릴 때부터 부모님이나 선생님께 혼나가면서 배워온 인간으로서 해야 할 일과 해서는 안 될 일'을 근거로 모든 판단을 해나가기로 한 것입니다. 이후 나는 '인간으로서 무엇이 바른길인가'를 마음의 좌표축에 놓고, 이것을 기준으로 모든 판단을 내라면서 지금까지 경영에 임해왔습니다.

다이니덴덴이 성공한
단 한 가지 이유

나는 1984년 통신사업자유화 정책에 발맞추어 '다이니덴덴DDI'이란 기업을 세웠습니다. 이 회사는 성장을 거듭해 현재 일본에서 NTT 다음가는 통신회사 KDDI가 되었습니다. 2001년 7월 기준으로 KDDI의 매출이 3조 엔, 교세라와 합쳐 두 기업이 올리는 1년 매출이 4조 엔을 넘어서고 있습니다. 이것이 27세에 회사를 세워 42년간 '인간으로서 무엇이 바른길인가'만을 좌표축으로 삼으며 인생길을 걸어온 결과입니다.

국내외 경제학자나 평론가 여러분들이 자주 "교세라

는 어떻게 이 정도까지 발전할 수 있었습니까?"라고 묻습니다. 또, 종종 "이나모리 씨는 워낙 뛰어난 기술자이고, 마침 세라믹이 각광받는 시대를 만나 대성공을 거두었군요"라고 합니다. 하지만 그때마다 나는 이렇게 대답합니다.

"아닙니다. 결코 그렇지 않습니다. 시대를 잘 만난 것도 기술이 뛰어난 것도 중요하지 않습니다. 가장 중요한 것은 제가 가진 사고방식, 즉 철학이 바른 것이었고, 그것을 직원들이 함께 공유해주었기 때문입니다."

훌륭한 철학을 가지고 그에 따라 행동하기만 한다면 누구나 성공할 수 있다고 나는 생각합니다. 통신사업이 자유화되기 전 일본은 통신요금이 비싼 나라였습니다. 누구보다 서민들이 힘들어할 수밖에 없는 구조였습니다. 나는 이미 오래전부터 미국에서도 사업을 하고 있었기 때문에 두 나라의 통신요금을 잘 비교할 수 있었습니다.

미국은 일본보다 통신요금이 훨씬 저렴했습니다. 캘리포니아에서 뉴욕까지 전화를 걸어 꽤 오랫동안 통화를 해도 요금은 많이 나오지 않았습니다. 하지만 일본에서는 출장 중 도쿄에서 교토 본사에 공중전화로 전화를 걸면 미리 바꾸어 놓은 동전이 부족할 정도로 요금이 쭉쭉 올라갑니다. 그만큼 일본의 통신요금이 비쌌습니다.

나는 그것이 계속 불만이었습니다. 한 회사가 전기 통신 사업을 독점하고 있기 때문에 전 국민이 고통을 당해야 한다고 생각하니 괘씸했습니다. 그래서 결국 다이니덴덴을 세우게 되었습니다. 통신사업에 뛰어든 것은 스스로 생각해도 무모한 모험이었습니다. 주위에서도 "이나모리 씨는 세라믹 분야에선 뛰어난 전문가이지만, 전기통신기술에 대해선 잘 모르지 않는가? 성공할 리가 없다"라는 말을 했습니다. 나는 비밀리에 간부들을 모아 이렇게 말했습니다.

"교세라가 성공한 이유가 기술이 뛰어났기 때문이라든가 시대를 잘 만났기 때문이라고들 하지만, 내 생각은 달라. 교세라의 성공은 확실한 철학이 있었기 때문이야. 이렇게 말해도 아무도 믿지 않지만, 지금부터 다이니덴덴을 세워 그것을 증명해 보이겠어. 난 통신사업에 대해 기술도 지식도 없어. 있는 것이라고는 흔들리지 않는 철학뿐이야. 철학 하나로 이 사업이 성공한다면, 경영에 철학이 얼마나 중요한지를 보여줄 수 있겠지."

물론 "그렇긴 해도 무모한 도전이니만큼 실패할 확률이 높은 것은 사실이야. 그러니, 1000억 엔까지만 투자하도록 하지"라고 한마디 덧붙이긴 했습니다. 그동안 회사가 거둔 수익을 쌓아둔 자금이 상당했기 때문에 그중 1,000억 엔까지 투자하고, 그랬는데도 성공하지 못하면 물러나야 한다고 미리 못 박아두었습니다. 그런데 제 생각대로 다이니덴덴은 보기 좋게 큰 성공을 거두었습니다.

 교세라와 다이니덴덴을 성공시킨 철학, 즉 사고방식은 사실 그리 대단한 것도 어려운 것도 아니었습니다. '인간으로서 무엇이 바른 것인가, 혹은 바르지 않은 것인가'에 비추어 판단하는 아주 단순하고 소박한 철학입니다. 이것을 간단히 정의, 공평, 공정, 성실, 용기, 박애, 근면, 겸허라는 말로 바꾸어 표현할 수도 있습니다.

 즉, 정의를 저버리지 않았는지, 성실함을 저버리지 않았는지, 용기를 저버리지 않았는지를 살피고, 겸허함을 잃어버리지 않았는지, 매사에 박애의 마음을 가지고 임하고 있는지를 돌아보고 실천하면 되는 것입니다. 이런 덕목들을 소중히 여기며 사람으로서 부끄럽지 않게 살 수 있으면 그것만으로도 충분하다고 생각합니다. 이런 덕목들을 마음의 좌표축에 놓고 어떤 장애나 곤란함이 있더라도 지켜나간다면 반드시 성공할 수 있을 것입니다.

원리원칙을 끝까지 지킨다

나는 앞에서 말한 덕목들을 너무 철저하게 지키려 한 나머지, 신문이나 잡지 인터뷰에서 정부나 관청을 통렬히 비판한 적도 여러 번 있습니다. 그때마다 정부나 관청으로부터 싫은 소릴 듣거나 불이익을 당했을 정도입니다. 하지만 단 한 번도 그런 일로 주눅 든 적이 없습니다.

세상에는 상대에 따라 말을 바꾸거나 행동을 바꾸는 사람들이 많습니다. 소설가 나쓰메 소세키도 "주장을 굽히지 않으면 세상살이가 힘들어진다"라고 했습니다. 맞습니다. 본심을 말하고 그대로 행동하려 들면 관계가 거북해지기도 하고 괴롭힘을 당하기도 합니다. 그래서 사람들은 본심과는 다른 말이나 행동을 하며 살아가려 합니다. 하지만 나는 어떤 괴롭힘이나 박해를 당한다 해도 앞에서 말한 덕목들을 포기한 적이 없습니다. 사내에서도 이런 덕목을 저버리는 사람을 보면 엄하게 힐책합니다. 그리고 그렇게까지 했는데도 이런 덕목들의 중요성을 근본적으로 깨닫지 못한 직원들은 아무리 실력이 뛰어나도 그만두게 하고 있습니다. 물론 처음엔 인재를 놓치는 손실이 있겠지만, 그런 직원을 그냥 두면 언젠가 더 큰 손해를 일으킬지 모릅니다.

바꾸어 말하자면, 나는 매사에 원리원칙을 철저히 지키는 것을 가장 중요하게 생각합니다. 이때 주의할 점은 '인간으로서 바른길'을 '자신이 생각하기에 좋은 길'과 헷갈리는 것입니다. 때로 '자신이 생각하기에 좋은 길'이란 '다른 사람에겐 좋지 않은 길'일 수도 있습니다. 다시 말해 '자신에게 좋은 길'은 이기적인 사고방식을 따르는 것입니다.

내가 말하는 사고방식의 중심에는 이기심이 아닌 이타심이 있어야 합니다. 이타심이란 이기심과 정반대 방향에 있는 것으로, 자기에게 좋은 길이 아닌 '다른 사람과 세상에 좋은 길'을 선택하는 마음입니다. 우리가 마음의 좌표축에 기준점으로 두어야 할 것은 바로 이런 이타심임을 명심해야 합니다.

인간으로서 바른길을 가는 데 충실했다면 그다음 해야 할 일은 노력입니다. 역시 사업에는 '누구에게도 지지 않을 노력'이 필요합니다. 지칠 줄 모르는 노력이야말로 위대한 일을 이루기 위한 원천이라 할 수 있습니다. 노력이 이처럼 중요하긴 하지만, 나 혼자 노력해서는 안 되는 곳이 바로 회사입니다. 회사가 잘되려면 대표인 내가 노력하는 것은 물론이고, 직원들도 함께 노력하며 지원해야 합니다.

자본금 300만 엔을 가지고 교토에 창고를 빌려 겉보기

엔 보잘것없는 회사를 세웠을 때 30여 명밖에 되지 않는 직원들은 모두 비 오듯 흐르는 땀을 닦으며 아침부터 밤까지 쉬지 않고 노력했습니다. 난 그런 직원들에게 기회가 될 때마다 "회사를 일본 제일로, 그리고 세계 제일로 키우자"라고 격려했습니다.

물론 그 말이 얼마나 터무니없는 것인지 잘 알고 있었습니다. 하지만 전 정말 그렇게 되기를 바라는 마음을 담아 격려한 것입니다. 그렇지 않아도 '회사가 잘될 수 있을까? 망하지는 않을까?' 하는 공포심에 쫓기고 있었기 때문에 스스로를 격려하기 위해서라도 "세계 제일로 키우자"라고 말할 수밖에 없었던 것입니다.

'천 리 길도 한 걸음부터'라는 말이 있습니다. 어떤 위대한 일도 개미 걸음처럼 작지만 꾸준한 노력이 쌓이지 않고는 이루어지지 않습니다. 기업도 마찬가지입니다. 하루아침에 이룰 수 있는 일이 아니라면 전 직원 한 사람 한 사람 꾸준히 노력하는 수밖에 없습니다. 여러분은 그다지 뛰어난 인재도 아닌 우리 직원들 30명이 노력해봤자 뭐 대단한 일을 해내겠는가 싶을지도 모릅니다. 하지만 그렇지 않습니다. 평범한 사람이라도 30명이 끝도 없는 노력을 쏟아부으며 쌓아가다 보면 세계 제일의 대기업이 될 수 있는 법입니다. 그것이 진리이고 다른 방법은 없습니다. 이런 이야기를 나는 매일 같이 직원들에게 들려주며 호소했습니다.

마지막에 남는 것은
세상을 위해, 다른 사람을 위해

몇 해 전 불교에 귀의해 머리를 깎고 스님들과 함께 수행했던 적이 있습니다. 그때 절실히 느꼈던 것은 사람의 인생이란 참으로 파란만장한 것이고, 당장 무슨 일이 일어날지 한 치 앞을 알기 어려운 것이며 죽음 앞에선 모든 것이 헛되고 헛되다는 사실입니다. 아무리 경영자로 성공했다 해도 죽을 때는 명예도 권력도 돈도 다 필요 없습니다. 이나모리 가즈오가 교세라를 세계적인 기업으로 키워 막대한 부를 쌓았다 한들 죽음의 문턱을 넘을 때는 무엇 하나 가져갈 수 있겠습니까? 모두 아무 가치도 없는 것이 되어버리지요.

하지만 그 사람이 살아 있는 동안 세상을 위해, 그리고 다른 사람을 위해 노력하고 애썼던 일만은 오래도록 남아 빛을 발합니다. 세상을 위해, 다른 사람을 위해 애썼다는 것은 그만큼 아름다운 마음을 가지고 살았다는 의미입니다.

그렇지 않고서는 자신의 일을 뒤로하고 다른 사람을 위해 애를 쓰기 어렵지요. 결국 멋지고 의미 있는 인생이란 아름다운 마음을 가지려고 노력하며 살아가는 삶이라고 생각합니다. 어찌 보면 인생에서 가장 자랑할 만한 훈장은 평생 노력하며 가꾼 아름다운 마음씨라 생각합니다.

그럼 마음을 아름답게 가꿀 수 있는 가장 좋은 방법은 무엇일까요? 저 같은 사람은 '열심히 일하는 것'이고, 학생이라면 '열심히 공부하는 것'이라 생각합니다. 사람의 마음이란 '고생'이라는 연마분練磨粉으로 갈고닦아야만 매끄럽고 아름다워집니다. 따라서 살면서 겪는 여러 가지 고생은 세상이 우리의 성장을 위해 마련한 시련입니다. 우리는 자연의 일부로 살아가기 때문에 인생이 파란만장할 수밖에 없고, 크고 작은 재난을 당하든 병에 걸리든 나쁜 일을 당하지 않고 살아갈 수는 없습니다. 행운이란 것도 자연이 우리의 마음을 닦기 위해 준 시련일 수 있습니다. 행운을 누리는 동안 교만하고 방탕해지지는 않는지 시험하기 위한 것이지요. 잠깐 찾아온 행운 뒤 교만과 방탕이 불러온 큰 불행 속으로 추락하는 사람들도 많습니다. 모두 행운이라는 시련을 잘 견뎌내지 못해서 그런 것입니다.

불행이 닥칠 때도 마찬가지입니다. 불평불만만 쏟아놓

으며 다른 사람을 질투하고 세상을 원망하다 못해, '왜 내게 이런 일만 생기는가' 하고 한탄하며 세상을 등지기도 합니다. 이렇게 되면 고생을 연마분으로 삼아 마음을 닦는 것이 아니라, 오히려 마음을 온갖 부정적인 감정으로 더럽히고 맙니다.

인생을 살면서 무엇보다 필요한 것 중 하나가 시련을 대하는 긍정적인 자세입니다. 긍정적인 사람은 시련을 하나의 가르침으로 소중히 받아들입니다. 이 시련을 넘어서면 더 나은 인생이 펼쳐지게 하려는 세상의 가르침 말입니다. 고생을 해도 이런 밝은 자세로 살아가다 보면 인격이 높아지고 결국은 인생의 승리자가 될 수밖에 없습니다. 이처럼 고생은 인생의 품격을 높이는 소중한 밑거름입니다.

인생 방정식

지금부터는 여러분에게 인생 방정식에 대해 소개하면서 사고방식이 얼마나 중요한지에 대해 이야기해보고자 합니다. 인생 방정식이란 '인생·일의 결과 = 사고방식×열정×능력'으로 나타낼 수 있으며, 내가 20대를 지나 30대에 접어들면서 생각해낸 것입니다.

아무리 생각해도 인생은 사고방식, 열정, 능력 이 세 가지 요소로 결정되는 듯합니다. 물론 이 세 요소로 곱셈이 아닌 덧셈을 해야 한다고 말하는 사람도 있습니다. 하지만 제 생각에는 더하지 말고 곱하는 것이 맞는다고 봅니다. 이때 능력에는 머리가 좋은지 나쁜지뿐만 아니라 육체적 능력과 건강 상태도 포함됩니다. 그런데 이런 것들은 대부분 타고나기 때문에 후천적으로 바꾸기 어렵습니다. 어쨌든 능력이란 것은 일뿐만 아니라 인생 전반에 걸쳐 아주 큰 비중을 차지하는 요소입니다.

또 하나는 열정입니다. 앞에서 말씀드렸듯 아무리 위대한 것들도 작은 한 걸음 한 걸음이 쌓여서 이루어진 것입니다. 그리고 그 과정에서 누구에게도 지지 않을 정도로 노력하며 열정을 쏟아부어야 합니다. 열정을 쏟아붓는 것은 재능과는 달리 자신의 의지로 후천적인 노력을 기울여야 해낼 수 있습니다. 이런 열정과 재능에는 0점부터 100점까지 점수를 매길 수 있습니다.

나는 학교를 마치고 사회에 나올 당시 생긴 지 얼마 안 된 가고시마대학교라는 지방 대학 출신이었습니다. 대학 다닐 때는 공부를 좀 하는 학생이었지만 막상 사회에 나오니 그런 것은 별로 내세울 것도 아니었습니다. 교토에 있는 만년 적자 기업에 들어갔는데도 내가 응시했다 떨어진 오사카 대학교나 교토대학교 출신들이 잔뜩 진을 치고 있었습니다. 그런 분위기에선 자신의 능력에 대해 콤플렉스를 느끼지 않을 수 없습니다. 나는 어떻게 하면 그런 우수한 인재들과 경쟁해나갈지를 곰곰이 생각했습니다. '능력이 부족하니 평생 지고 살아야 하나? 아니, 그렇지 않아. 그들보다 몇 배로 노력하면서 열정을 쏟아부으면 이길 수 있을 거야.'

이런 생각이 '능력×열정'을 떠올리는 계기가 되었습니다. 예를 들어 일류 대학을 우수한 성적으로 졸업한 사람이라 해도 자신은 머리가 좋다는 자부심에 가득 차 거드름만 피우고 게으름을 부린다고 합시다. 이런 사람은 일류 대학을 나왔으니 능력은 적어도 70점이나 80점 정도 될 것입니다. 하지만 노력을 하지 않으니 열정은 30점 정도에 머물 것입니다. 그러면 이 두 점수를 곱한 결과 2,400점이 됩니다.

한편 지방의 신생 대학을 나온 사람은 능력이 60점 정도라 할 수 있습니다. 하지만 머리가 나쁜 대신 노력을 하겠다는 마음으로 80점 정도의 열정을 쏟아부었다고 합시다. 이런 경우 60점×80점은 4,800점이 됩니다. 일류 대학을 나온 사람보다 곱절의 결과를 얻게 됩니다.

그런데 능력이나 열정만큼이나 중요한 요소가 한 가지 더 있습니다. 바로 '사고방식'입니다. 사고방식은 부정적인 경우와 긍정적인 경우를 구분할 수 있기 때문에 마이너스 100점에서 플러스 100점까지 점수를 매길 수 있습니다. 예를 들어 예전 저처럼 가고시마대학교를 나와 여러 회사의 입사시험에 지원했지만 좀처럼 합격하지 못하는 사람이 있다고 해봅시다. 보아하니 줄이 없으면 아무리 실력이 뛰어나도 뽑아주지 않는 것 같습니다. 세상이 불공평하다고 투덜거려보지만 그렇다고 뽑아주는 회사가 있는 것도 아닙니다. '에잇, 치사하고 더러운 세상, 차라리 주먹 세계로 뛰어들까?' 하는 생각까지 했습니다. 대학 시절 가라테 수련을 했기 때문에 마음 먹고 뛰어들면 조직의 두목이라도 될 자신이 있었습니다. 자칫 잘못하면 사회에 도움이 되기는커녕 해악만 끼치는 존재가 될 뻔했습니다.

이처럼 사고방식이 부정적이면 마이너스 값을 갖게 되므로 인생 방정식 전체 값을 마이너스로 만들고 맙니다. 아무리 사소한 정도라 해도 부정적인 사고방식이 지닌 마이너스 값이 곱해지면 재능과 열정이 어우러져 만들어낸 인생의 결과도 마이너스가 되고 맙니다. 능력도 보통 이상이고, 노력도 보통 이상이지만, 마음이 비뚤어져 사기를 치고 다른 사람의 재산을 빼앗아 살아간다면 마이너스 인생이 되고 맙니다. 사고방식이란 이처럼 중요한 것이고, 어떤 사고방식을 마음의 좌표축으로 삼는지에 따라 인생은 확 바뀝니다.

어떤 생각을 취하든 그 결과는
자신이 책임져야 한다

사고방식에 대한 이야기를 교세라에서 하면, 대학을 갓 졸업하고 들어온 우수한 신입사원들은 반발합니다. '회사는 그냥 일하러 오는 곳인데 왜 사원들의 사고방식까지 통제하려 드는가, 오히려 다양한 사고방식을 허용하는 것이 좋지 않은가' 하고 의문을 제기합니다.

물론 다양한 사고방식을 가지는 것은 개인의 자유입니다. 그런 것까지 회사에서 통제할 수는 없지요. 단, 어떤 사고방식을 가지든 그 결과를 책임져야 하는 것도 자기 자신이란 것을 알아야 합니다. 그래서 인생의 선배로서 좋은 결과를 거두려면 이런 사고방식을 가져야 한다고 내가 제안하려는 것입니다.

예전에 이런 일이 있었습니다. 여성용 속옷을 만드는

'와코루Wacoal'라는 회사가 있습니다. 와코루는 이미 고인이 된 쓰카모토 고이치 씨가 세운 기업입니다. 나보다 열두 살이나 많은 그분과 나는 속칭 띠동갑이었습니다. 그런데 쓰카모토 씨는 한참 어린 제게 경영자로서 존경한다면서 일이 끝나면 함께 술 한잔하자고 자주 권하셨습니다. 어느새 그분과 저 사이엔 나이를 뛰어넘는 우정 같은 것이 생겼지요.

경영자들과 함께 술을 마시면서 경영과 철학 이야기를 나누고 있을 때였습니다. 한 젊은 경영자가 "이나모리 씨, 난 그렇게 생각하지 않습니다. 우리 회사에선 좀 다른 사고방식을 채택하고 있습니다" 하고 말을 꺼냈습니다.

들어보니 내가 "인생이란 한 번뿐이니 좀 더 성실하게 전력을 다해 열심히 살아야 합니다"라고 이야기한 데 대한 반박이었습니다. 그는 한 번뿐인 인생 좀 더 즐겁게 살아야 한다고 주장했습니다. 그런데 그 말을 듣고 있던 쓰카모토 씨가 정색을 하고 꾸짖듯 말했습니다

"어이, 자네. 그런 되지도 않은 말 하지 말게. 도대체 자네하고 이나모리 군 하고 서로 비교할 수 있는 상대라고 생각하는가? 자네가 그런 사고방식을 가지고 있으니까 자네 회사는 그 정도밖에 되지 않는 거야. 자네 회사와 이나모리

군 회사는 규모 면에서나 여러 가지 면에서 비교할 수가 없어. 그런데도 자네가 이나모리 군의 사고방식이 틀렸다고 하는 것은 이상하지 않은가?"

그 말을 듣고 나는 '과연 맞는 말이야. 인생을 어떻게 살고 싶은지, 어떤 회사를 경영하고 싶은지에 따라 필요한 사고방식이 다를 수밖에 없어'라고 깨달았습니다. 인생이란 산을 오를 때 그 젊은 사장이 말했듯이 '한 번뿐인 인생, 즐겁게 살자'라고 생각한다면 하이킹이라도 가는 듯한 기분으로 나서면 됩니다. 하지만 후지산을 오르고 싶다고 생각했다면 그에 걸맞은 마음가짐도 필요하고 체력도 길러야 합니다. 만약 겨울철 히말라야에 오르고 싶다고 생각한 사람이라면 그보다 더 철저한 준비가 필요하겠지요. 어떤 산에 오르고 싶은지, 즉 어떤 인생을 보내고 싶은지 혹은 어떤 회사를 경영하고 싶은지에 따라 그에 맞는 사고방식과 철학이 달라지는 법입니다.

혹시 "이나모리 씨의 사고방식은 교세라 같은 대기업을 키워나가는 데 맞는 것입니다. 나는 회사를 그 정도로까지 키울 생각은 없으니 좀 더 편안한 사고방식도 괜찮다고 봅니다"라고 한다면 그것도 괜찮습니다.

나는 철학은 가능하면 차원 높은 것이어야 한다고 생각

하지만, 차원 높은 철학은 훌륭한 인생을 보내고 싶다고 생각했을 때 필요한 것입니다. 대충 어중간하게 살아가도 상관없는 사람들은 그렇게 높은 철학을 추구할 필요는 없습니다. 어쨌든 자신이 보내고자 하는 인생에 어울리는 사고방식을 갖추는 것이 중요합니다.

• 이 장은 2001년 7월 11일 가고시마대학교 공학부에서 열린 '교세라 철학 강좌'를 재구성했습니다.

이나모리 가즈오와 청년들의 대담 ③

2001년 7월 11일 가고시마대학교 공학부에서 열린 '교세라 철학 강좌'에서 아주 흥미로운 질문이 나왔다.

問 혼자 감당하기 어려울 정도로 큰 책임을 어떻게 감당해나가면 좋을까요?

공학부 석사과정의 T라고 합니다. 선생님의 강연을 듣다 보니 지금까지 살아온 방법이 부끄러워졌습니다. 그런데 한 가지 질문이 있습니다. 기업을 세우거나 큰 프로젝트를 시작할 때면 자기 혼자 감당하기 어려운 큰 책임이 따른다고 생각합니다. 그런데 그 압박을 어떻게 이겨나가면 좋을까요?

答 신뢰 가는 사람에게 상담받으세요.

맞습니다. 확실히 지금 말씀하신 대로 더 이상 참기 어려울 정도로 큰 압박을 느낄 때가 있습니다. 물론 본인의 강인한 정신력으로 버티는 것이 중요합니다만, 나는 니시에다 씨라는 분을 찾아가 자주 고충을 털어놓았습니다. 니시에다 씨는 내가 처음 교세라를 세울 때 집과 땅을 담보로 1,000만 엔을 빌려주신 분입니다.

창업하고 어려울 때 매일 저녁 7시가 되면 니시에다 씨를 찾아가 어린아이가 응석 부리듯 고충을 털어놓았습니다. 니시에다 씨는 어린 시절 절에서 교육받으며 자란 분으로 훌륭한 인격자입니다. 내가 푸념을 늘어놓으면 정신적으로 극단에 몰릴 정도로 힘들어하고 있다는 것을 꿰뚫어 보셨습니다. 그래서 "알았네, 알았어. 자, 우리 한잔하러 가지" 하면서 나를 평소 단골로 삼고 있는 요릿집으로 데려갔지요.

니시에다 씨와 같은 니가타 출신의 자매가 운영하는 그 요릿집은 근처 교토대학교 교수들이 자주 오는 곳으로도 유명한 곳이었습니다. 니시에다 씨는 그곳에서 술을 권하며 내가 털어놓는 고충을 다 들어주었습니다. 그렇게 밤이 깊도록 니시에다 씨와 이야기를 나누다 보면 어느새 가슴을 짓누르고 있던 스트레스가 스르르 풀렸어요.

그렇게 스트레스를 해소하는 것뿐만 아니라 술을 마시는 매너도 배웠습니다. 처음엔 조심스럽게 사양하며 잘 마시지 않았더니 "그렇게 딱딱하게 굳어 있지 말라고. 술은 취하기 위해 있는 것이니 좀 마셔봐"라고 한마디 들었습니다. '아, 그런가' 하는 생각이 들어 이번엔 조금 많이 마셨더니 "자네가 술을 마시는 게 아니라 술이 자네를 마시겠어"라고 또 한마디 들었습니다.

술을 안 마셨더니 마시라고 한마디 듣고, 좀 마셨더니 너무 마신다고 또 한마디 들었지요. 또 니시에다 씨에게 술을 따라 주었더니, "술잔을 비우자마자 바로 따라 주면 마음이 바빠서 제대로 즐길 수 없네. 천천히 즐기며 마시고 싶으니 그렇게 서둘러 따르지 말게"라고 한마디 합니다. 그래서 한참 동안 술을 따르지 않고 있으면 "가끔은 한 잔씩 따라주게"라고 충고합니다.

그렇게 들고날 때를 배워가며 술을 마시다 보면

어느새 스트레스는 눈 녹듯 사라지고 맙니다. 그때 니시에다 씨가 없었더라면 나는 아마 정신적으로 큰 위기를 겪었을 것입니다. 그 정도로 경영자가 받는 스트레스는 큽니다. 그리고 그런 스트레스에 대해 믿고 상담할 만한 사람이 있으면 큰 힘이 됩니다. 하지만 역시 강인한 정신력이란 것도 전심전력으로 일하다 보면 따라붙는 것이 아닌가 합니다.

問 **하루 24시간을 어떻게 써야 좋을까요?**

N이라고 합니다. 시간이야말로 모든 인간에게 주어진 유일한 평등 자원이라고 들었습니다. 과연 이나모리 선생님은 하루 24시간을 어떤 식으로 보내시는지 듣고 싶습니다.

答 **'절대 뒤로 미루지 않는다'를 원칙으로 삼으며 삽니다.**

하루는 24시간밖에 되지 않습니다. 나는 몇 시부터 몇 시까지 무엇을 하겠다고 의식하지 않습니다. 단, 오늘 할 일은 오늘 마치려고 합니다. 반드시 오늘 해야 할 일을 내일로 미루지 않는 것을 생활의 원칙으로 삼고 있습니다.

너무 오래되어 정확히 기억이 나지 않습니다만, 회사를 세우고 나서 20년 정도는 매일 밤 12시 넘어 귀가했습니다. 휴일이 없었던 것은 물론이지요.

내게는 딸이 셋 있습니다. 그다지 자랑스럽게 이야기할 거리는 못됩니다만, 세 아이의 수업 참관에 한 번도 가본 적이 없습니다. 그래서 지금도 아이들은 "아빠 노릇을 한 번도 해주지 않았다"라고 원망합니다.

앞에서 말씀드렸듯이 경영자로서 받는 정신적인 압박이 너무 커서 집안일은 모두 아내에게 전적으로 맡겨버리고 말았습니다. 딸들도 각자 잘 자라주어서 신경 쓸 일이 없었던 것도 사실입니다. 그런데 딸이 결혼한 뒤의 이야기입니다만, 내가 "아내도 딸들도 내가 하는 일을 잘 이해해줘서 정말 다행이지"라고 했더니 딸이 그러더군요. "아버지 일을 한 번도 이해한 적 없어요. 아버진 정말 일밖에 모르는 분이셨어요. 친구 아버지들이 딸들과 놀아주는 것을 볼 때마다 얼마나 부러웠는지 아세요?"

지금 생각하면 이혼당하지 않은 게 천만다행일 정도입니다. 20년 가까이 1년 365일 새벽에 귀가했으니까요. 물론 술을 마시느라 그런 것이 아니라 일을 하느라 그런 것이었지요. 하루가 24시간으로 한정되어 있으니 할 수 없었습니다.

問 이나모리 선생님을 맹목적으로 존경해도 좋을까요?

법문학부 3학년 I라고 합니다. 어제 가고시마 고쿠부國分에 있는 공장 견학을 다녀왔습니다. 질의응답 시간이 있었는데 곤란한 일이 있을 때마다 이나모리 선생님의 경영철학이 정리된 책을 참고로 한다고 이야기를 하는 분들이 많았습니다. 그만큼 선생님의 철학이 사원들 마음 깊숙이 침투해 있는 증거라고 봅니다.

하지만 사원들이 이나모리 선생님을 존경한 나머지 앞으로 교세라가 늘 같은 체질을 가진 회사로 굳어질 위험성이 있지 않을까요? 그런 면에서 이나모리 선생님은 마쓰시타전기산업의 마쓰시타 씨와 자신이 비슷한 점이 많다고 생각하지 않으십니까?

答 **보편성이 어느 정도인가가 중요합니다.**

글쎄요. 저 자신이 마쓰시타 씨와 비슷하다고 생각해본 적은 없습니다. 하지만 젊었을 때부터 마쓰시타 씨의 사상과 철학을 공부했기 때문에 당연히 마쓰시타 씨의 사상과 철학이 제 사고방식 속으로 스며들었다고 생각합니다.

또 한 가지 질문은 사물을 판단할 때마다 교세라 경영철학을 펼쳐 읽고 그것을 판단 근거로 삼아가면 회사의 앞날이 어두워질까 하는 것이군요. 물론 교세라의 경영철학이 마오쩌둥의 공산주의나 히틀러의 나치즘처럼 한쪽으로 편향된 된 것이라면 결국 파탄에 이를 것입니다.

하지만 교세라의 경영철학이 기준으로 삼는 것은 '인간으로서 무엇이 바른길인가'입니다. 만약 그 판단기준이 '인간으로서' 바른길이 아닌 '이나모리에게' 바른길이라면 몇 년 후 파탄에 이를 수도 있습니다. 결국 보편성을 어느 정도 확보하는지가 문제입니다.

예를 들어 종교의 경우를 살펴보면, 기독교에선 예수 그리스도의 가르침을 제자들이 받아적은 성경이 판단기준입니다. 또, 불교에는 석가모니의 가르침을 받아적은 불경이 있습니다.

모두 아주 올바른 진리만을 가르치고 있는 것처럼 보이지만, 아무리 훌륭한 종교라도 시대의 흐름에 따라 뒤처지는 부분은 생기기 마련입니다. 따라서 지금 말씀하신 대로 교세라 경영철학에도 그럴 위험은 얼마든지 있습니다.

하지만 아무리 시대가 변해도 인생을 어떻게 살아가는지, 그리고 경영을 어떻게 해나가는지에 대해 판단 근거로 삼을 만한 진리는 있는 법입니다. 내가 내세우는 교세라 경영철학도 지난 수십 년간 경영을 해오는 데 밑거름이 되어 성공적인 결과를 낳았고 지금도 그러고 있기에 그리 틀린 구석은 없다고 생각합니다.

만약 아무런 실적과 성공을 이루지 못한 사람이 "나는 이렇게 했어"라고 주장하는 것을 믿고 따른다면 비참한 결과에 이를 위험이 큽니다. 하지만 교세라 경영철학은 내가 지난 몇십 년 동안 경영 일선에서 실적을 쌓고 성공을 거두면서 바탕으로 삼아온 사고방식입니다. 내가 이루어낸 것, 그 이상도 그 이하도 아닌 사실 그대로를 이야기하고 있기 때문에 믿을 만하고 보편적인 것이라 생각합니다.

제5장

20대 때 알아두어야 할 경영 12원칙

사회인으로 살아가는 데
필요한 원리원칙

지금부터 이야기하는 '경영 12원칙'은 경영에서 아주 중요하다고 생각하는 것들입니다. 이 원칙들은 여러분이 사회에 나와 기업을 세우게 되면 반드시 알아두어야 할 것들이며, 설령 기업가의 길을 걷지 않는다 해도 한 사람의 인간으로서, 그리고 사회인으로서 일해 나갈 때에도 아주 중요한 기준이 될 것입니다. 따라서 반드시 제대로 이해해두길 바랍니다.

① 사업의 목적과 의의를 명확히 한다.

② 구체적인 목표를 세운다.

③ 강렬한 소망을 지속적으로 마음에 품는다.

④ 누구에게도 지지 않을 노력을 한다.

⑤ 매출은 최대한으로, 경비는 최소한으로

⑥ 가격 결정이 경영이다.

⑦ 경영이란 강한 의지로 결단을 내리는 것이다.

⑧ 불타는 투혼을 가진다.

⑨ 용기를 내서 일을 처리한다.

⑩ 항상 창조적으로 일한다.

⑪ 배려하는 마음으로 성실히 일한다.

⑫ 항상 밝고 긍정적으로, 꿈과 희망을 품고 솔직한 마음을 가진다.

이 12가지 원칙은 오늘날까지 교세라와 KDDI를 경영하며 경험한 사실들을 바탕으로 정리한 실천적 원리원칙입니다. 모두 내가 지금도 경영 현장에서 적용하고 있는 원칙이기도 합니다.

① 사업의 목적과 의의를 명확히 한다
: 공명정대하게 대의명분이 있는
 높은 목적을 세운다

나는 27세 때 직원 28명과 함께 기업을 세웠습니다. 사실 이 28명 가운데 회사 설립에 직접 참여했던 사람은 저를 포함해 모두 8명이었습니다. 나머지 20명은 나중에 채용한 사원들로, 막 중학교를 졸업한 사람들이었습니다. 이처럼 영세한 기업을 세울 때도, 또 사회에 나와 자신이 선택한 다른 인생길을 갈 때도 인생의 목적과 의의부터 정할 필요가 있습니다. 즉, 어떤 목적을 가지고 인생길을 걸을 것인가, 또 그런 목적을 달성하는 것은 자신에게 어떤 의미가 있는가를 생각해보아야 합니다.

특히 기업을 세우려는 청년들에게 이보다 더 중요한 것은 없다고 봅니다. 자신의 사업 목적 혹은 의의를 명확히 하는 것이 정말 중요합니다. 아마도 벤처기업을 시작하는 사람에게 목적이 무엇인지 물으면, "돈을 벌고 싶어 사업을 시작했습니다"라고 대답하는 사람이 많지 않을까 생각합니다. "가족을 부양해야 합니다"라고 답할 사람도 있을 것입니다. 돈을 벌고 싶다거나 가족을 부양한다는 목적도 나름대로 가치 있는 것입니다. 하지만 적어도 경영자라면 좀 더 큰 목적을 가져야 합니다. 사장이 돈을 벌거나 가족을 부양하려는 목적만 생각하고 있으면 사장을 제외한 나머지 직원들은 이런 목적을 이루도록 도와주는 사람에 지나지 않습니다. 그렇게 되면 함께 기업을 일궈나가자는 분위기를 만들기 어렵습니다.

그런 의미에서 사업 목적이나 의의는 가능하면 차원이 높은 것으로 정해야 한다고 생각합니다. 만약 회사가 이나모리라는 사람이 개발한 기술을 세상에 알리고 팔기 위한 곳이라든가, 돈을 벌고 가족을 부양하려고 세운 곳에 지나지 않는다면 어떻게 될까요? 열심히 일하자고 부르짖을수록 이나모리 개인의 욕망을 이루기 위해 내몰리는 꼴이 되기 때문에 직원들에게 동기를 부여하기 어렵습니다.

하지만 회사의 목표를 '전 사원의 정신적 물질적 행복을 추구하는 것'이라고 정해두면 사원 전체가 힘을 합쳐 노력할 수밖에 없습니다. 경영자와 노동조합, 자본가와 노동자가 서로 편을 가르지 않고 모두 하나가 되어 훌륭한 회사를 만들려는 공통의 목적을 향해 노력하게 됩니다.

여기서 한 걸음 더 나아가 직원이 경영자와 같은 마음을 갖고 전심전력으로 일하도록 만들려면 한층 더 높은 대의명분을 내세울 필요가 있습니다. 나는 사원이 행복해지는 것은 물론이고, 기술 개발을 통해 인류와 사회의 발전에 공헌한다는 목적을 내걸었습니다. 즉, 사원들에게 "교세라라는 회사가 있어 인류 사회가 발전했습니다. 이 회사가 있었기 때문에 훌륭한 기술이 개발되어 인류사회의 진보에 공헌했습니다. 교세라야말로 전 세계에 영향을 끼치는 큰 공헌을 한 회사입니다. 이런 평가를 받을 수 있도록 우리 회사를 훌륭한 사회적 기업으로 키워보지 않겠습니까?"라고 커다란 목표를 제시한 것입니다.

② 구체적인 목표를 세운다
: 세운 목표는 항상 사원과 공유한다

다음은 기업 경영의 구체적인 목표를 세우는 것입니다. 이때 중요한 것은 구체적으로 세운 목표를 반드시 사원들과 공유해야 한다는 사실입니다.

현재 회사의 1년 매출이 1억 엔이라면 '다음 해에는 매출을 2억 엔으로 올립시다'와 같이 구체적인 숫자로 명확히 목표를 나타냅니다. 이런 방법은 매출만이 아니라 순이익,

직원 수 등 회사 규모의 여러 가지 일과 관련된 목표를 정하는 데도 쓰입니다. 어떤 경우든 숫자를 이용해 목표를 구체적으로 제시하는 것이 중요합니다.

구체적인 목표를 세우려면 회사 전체의 막연한 규모를 나타내는 숫자가 아니어야 합니다. 부서나 팀마다 개별 목표를 숫자로 구체적이고 상세하게 나타내야 합니다. 조직의 최소 단위에 이르기까지 각각 목표 수치를 정하고 개인도 저마다 지침이 될 만한 구체적인 목표를 정해야 합니다. 또, 1년이란 장기간의 목표만이 아니라 매월 이루어야 할 목표도 정해야 합니다. 이 정도까지 하면 날마다 이루어야 할 목표가 보이기 시작합니다. 이처럼 각자 매일 자신의 역할을 다할 수 있는 명확한 목표를 설정하는 것이 중요합니다.

다음으로, 경영자라면 명확한 목표를 직원들과 공유할 수 있어야 합니다. 만약 회사의 목표가 정해지지 않으면 경영자는 직원들에게 나아갈 방향을 제대로 보여줄 수 없습니다. 직원들도 어디로 가야 할지를 몰라 저마다 제 맘대로 행동하다 보면 힘이 분산돼 조직이 흔들리기 쉽습니다. 따라서 목표를 명확히 함과 동시에 그것을 직원들과 공유하는 것이 중요합니다. 나는 이것을 가리켜 '벡터를 합치는 일'이라고 합니다. 경영자는 직원들에게 명확한 경영 계획과 지침을 제시함으로써 직원들의 힘을 회사가 원하는 방향으로 끌어모으는 노력을 하는 것이지요.

단, 지나치게 장기 계획을 세울 필요까지는 없습니다. 일반적인 경영 컨설턴트는 대기업에도 중장기 계획이 필요하다고 합니다. 중장기 계획을 세워 그에 따라 경영을 하는 것이 정석이라고 하지만, 적어도 나는 그렇게 생각하지 않습니다.

현재 교세라에선 중장기 경영 계획을 세우고는 있지만, 내가 경영 일선에서 이끌어가던 시기에는 그런 것은 없었습니다. 1년 계획이면 충분했습니다. 그렇게 해서 오늘날과 같은 대기업을 이루었다는 게 신기할 정도입니다.

그렇다면 나는 왜 중장기 경영 계획을 세우지 않았을까요? 그것은 현대 사회의 특징 때문입니다. 점점 빨라지는 기술 개발과 환경 변화로 기업의 경영 환경에 생길 변화를 예측하기 어려워지고 있기 때문입니다. 예를 들어 현시점으로부터 5년 앞을 내다보면서 중장기 계획을 세워두었다 해도 2년 후 정도가 되면 기업이 처한 환경이나 상황이 완전히 바뀌는 경우가 많습니다. 결국 중장기 계획을 계속 수정해야 하는 상황이 되고 맙니다.

중장기 계획을 세워 직원들을 이끌어가는 것도 중요하

지만, 그 계획을 계속 수정해야 하면 계획 자체에 대한 신뢰를 잃어버리기 쉽습니다. 그래서 난 1년간 경영계획을 세우고, 그것을 이루기 위한 매월 계획만 세운 뒤 필사적으로 지키려 노력했습니다. 1년 정도 앞이라면 어느 정도 정확한 경제 예측도 가능하고, 기업환경도 읽을 수 있기 때문에 중간에 수정하지 않고 필사적으로 노력할 수 있지요.

③ 강렬한 소망을 지속적으로 마음에 품는다
: 잠재의식에 스며들 정도로
 강하고 지속적으로 소망을 품는다

세 번째는 '강렬한 소망을 지속적으로 마음에 품는' 것입니다. 바꾸어 말하면 '잠재의식에 스며들 정도로 소망을 강하고 지속적으로' 마음에 품는 것이지요. 이 말의 의미가 상당히 어렵다고 생각하기 때문에 좀 자세히 설명하려 합니다.

강렬한 소망을 지속적으로 마음에 품는다는 것은 아침저녁으로 기도 올리듯이 간절히 원하는 상태를 말합니다. 이때 '강렬한'이란 형용사가 붙습니다. 마음에 품는 것은 단순한 바람이 아닌 무서울 정도로 강한 생각이어야 합니다.

나는 젊었을 때 요가 수행을 한 적이 있습니다. 정통 요가는 아니었지만, 히말라야산맥에서 수행하는 성자들의 가르침에 대해서도 들을 수 있었습니다. 이분들이 자주 하는 "강렬한 소망, 즉 마음속에 강하게 품은 생각은 눈앞에 현실로 드러난다"라는 말이 있습니다. 무엇보다 목표를 달성하겠다는 소망을 마음속에 지속적으로 품고 있는 것이 성공의 열쇠라는 사실을 나는 몇십 년 동안 경영자로 활동하면서 수도 없이 깨달았습니다.

경영자에게는 수많은 어려움이 따릅니다. 어떤 기술을 개발하고 싶은데 기술자가 부족합니다. 또, 자금이 부족하거나 장비가 부족할 때도 있습니다. 무언가를 하고 싶지만 일이 잘 풀리지 않을 때가 한두 번이 아닙니다. 그래도 포기하지 않고 자나 깨나 이루고 싶은 소망을 마음에 품고 있어야 합니다.

우리의 의식은 우리가 깨어 있을 때 늘 의식할 수 있는 현재의식과 스스로 의식하기 어려운 잠재의식이 있습니다. 그런데 강렬하게 생각하고 또 생각하면 그 생각은 잠재의식으로 스며들게 됩니다. 이런 잠재의식은 현재의식으로 올라와 힘을 발휘하게 됩니다. 아마 여러분은 자신이 잠재의식을 발휘해 일하고 있다는 사실을 자각하지 못하고 있을 것입니다. 일을 하거나 공부를 할 때 현재의식을 사용하기 때문에 잠재의식은 전혀 사용하지 않는 기분이 듭니다. 하지만 전혀 그렇지 않습니다.

자동차 운전을 예로 들어보지요. 운전을 하는 분이라면 누구라도 공감하리라 생각합니다만, 예전 자동차들은 운전 중 일일이 변속장치를 바꾸어주어야 했습니다. 왼발로 클러치를 밟아 기어를 바꾸고 오른쪽 다리로 액셀을 밟습니다. 멈추려면 오른발을 액셀에서 확 떼고, 브레이크를 밟아야 합니다. 게다가 동시에 핸들을 왼쪽이나 오른쪽으로 홱 꺾어주어야 합니다.

운전 교습소에서 이 과정을 처음 배울 때에는 보통 어려운 게 아닙니다. 교습소 선생님에게 "클러치를 밟고 기어를 바꾸어주세요"라는 말을 들어도, 왼발과 오른발이 각각 움직이고 게다가 다리에 신경 쓰느라 손은 제멋대로 흔들거려 선생님께 혼이 나고 맙니다. 아마 수동으로 운전면허를 딴 분들은 다들 이런 경험이 있을 것입니다.

하지만 면허를 따고 스스로 운전을 하면서 어느 정도 익숙해지면 일일이 의식하며 클러치를 밟고 기어를 바꾸어야겠다고 생각하는 사람은 없을 것입니다. 자동차에 타 시동을 건 뒤부터는 특별히 주의를 기울이지 않아도 손발을 적절히 움직여 운전하게 됩니다. 마치 걸음을 걸을 때 팔다리를 어떻게 움직여야 할지 신경 쓰지 않는 것과 마찬가지입니다. 현재의식보다는 잠재의식으로 행동하는 것이라 볼 수 있겠지요. 만약 이런 행동 하나하나를 현재의식에서 판단하고 행한다면 그처럼 피곤한 일도 없을 것입니다.

처음 운전을 막 배웠을 때는 가까운 거리만 다녀와도 피곤합니다. 어디 먼 데라도 다녀오면 완전히 녹초가 되고 맙니다. 하지만 운전에 익숙해져 잠재의식으로 운전을 하게 되면 장거리 운전을 해도 거의 피곤한 줄 모릅니다. 오히려 즐기면서 운전할 수도 있습니다. 운전에 관련된 많은 정보가 잠재의식에 스며들 정도로 익숙해졌기 때문입니다.

회사에서 하는 일도 마찬가지입니다. 예전부터 사원을 채용할 때마다 느끼는 사실이 한 가지 있습니다. 우리 회사는 제조업이기 때문에 하루 종일 제품을 만들면서 같은 일을 반복해야 합니다. 아무리 편한 일이라도 일주일 정도 계속하면 어깨가 결리다든가 허리가 아프다든가 눈이 피곤하다든가 하며 불평하는 사람들이 나오기 시작합니다. 그리고 3개월 정도가 되면 "하루 종일 이런 작은 것을 들여다보며 일하니 몸이 견뎌내지 못합니다"라면서 사표를 쓰는 사람들이 생깁니다. 3개월까지는 일을 배운 지 얼마 안 되었을 때입니다. 이 시기에는 현재의식을 동원해 일하기 때문에 눈도 뻑뻑하고 어깨도 시큰거리고 몸 전체가 이만저만 피곤한 게 아닙니다.

하지만 3개월이 지나 일이 손에 익으면 이제 잠재의식으로 일하게 됩니다. 이 단계에선 일이 점점 편해지고 특별히 야근을 하지 않으면 피곤한 줄도 모르게 됩니다. 그래서 신입사원이 들어오면 "3개월은 꾹 참고 고생하십시오"라고 말하곤 했습니다. 이 말은 일이 익숙해져 잠재의식에서 알아서 하게 될 때까지 3개월은 걸린다는 의미입니다.

어려운 요가 수행이나 좌선을 해야만 잠재의식에 들어갈 수 있는 것은 아닙니다. 단순한 일을 전력을 다해 3개월 정도 반복하면 잠재의식을 써먹을 수 있게 됩니다. 즉 자동차를 운전하는 듯한 감각으로 일을 할 수 있게 됩니다.

나는 경영에도 이런 원리를 적용했습니다. '교세라를 ○○한 회사로 만들고 싶다. 매출을 1억 엔 올리고 싶다. 순이익을 1,000만 엔으로 끌어올리고 싶다. 직원들에게 많은 보너스를 주고 싶다'와 같은 강렬한 소망을 일단 마음에 품었습니다. 그리고 틈만 나면 이 소망들을 떠올리며 나 자신에게도 다른 사람에게도 들려주었습니다. 이 과정을 매일매일 반복하다 보면 소망은 어느새 잠재의식에 스며듭니다.

또, 경영자로서 일을 전심전력으로 하다 보면 우리 회사를 이렇게 만들고 싶다는 생각이 잠재의식 속으로 스며들게 됩니다. 이 단계에 이르면 어느새 경영과 관련된 일도 순조롭게 풀리게 됩니다.

④ 누구에게도 지지 않을 노력을 한다
: 작은 노력을 한 걸음 한 걸음 쉬지 않고 한다

네 번째는 '누구에게도 지지 않을 정도로 노력하는' 것입니다. 이때 가장 중요한 태도는 작은 노력을 한 걸음 한 걸음 쉬지 않고 기울이는 것입니다. 큰 노력을 기울이는 것도 중요하지만, 그에 앞서 눈앞의 작은 일 하나하나 쉬지 않는 노력으로 계속해나가는 태도가 중요합니다.

내가 세운 교세라는 파인세라믹스를 만드는 회사입니다. 파인세라믹스는 아주 특수한 도자기의 일종인데, 도자기란 것이 원래 화려한 제품도 첨단 제품도 아닙니다. 금속산화물을 반죽해 모양을 만든 뒤 고온에서 구우면 파인세라믹스가 됩니다. 교세라는 그런 파인세라믹스 제조를 기초로 세운 회사입니다. 파인세라믹스가 아무리 특수한 도자기라 해도 완성된 완제품 1개 가격이 10엔이나 20엔밖에 하지 않습니다. 그런 제품을 거래 기업에 몇백만 개 납품하려면 전 직원이 하루 종일 매달려 생산해야 합니다.

　대졸 사원을 채용해 그런 단조롭고 사소해 보이는 일을 시키면 "저는 대학에서 여러 가지 공부를 했습니다. 그런데 이런 단순한 일만 하고 있으려니, 이대로 내 인생은 사소한 일만 하다가 끝나나 싶어 우울해집니다. 제 재능을 좀 더 활짝 피워보고 싶습니다"라며 사표를 내는 일이 계속 생깁니다. 이런 현상은 대졸 사원뿐만 아니라 고졸 사원들 사이에도 자주 생깁니다.

　사실 나 자신도 대학 때 인기 있고 화려한 석유화학 분야로 가고 싶어 했습니다. 그런데 어쩌다 세라믹 분야로 취직해 기업까지 세우게 되었습니다. 처음엔 '파인세라믹스 제품을 열심히 만들어봤자 어차피 교세라는 동네 공장보다 조금 더 큰 기업 정도로밖에 성장하지 않을 거야. 내 인생을 그 정도 일을 하며 끝내도 좋은 것일까?'라며 고민을 했습니다. 그러나 이때 생각해야 할 사실은 지구에서 가장 높은 히말라야산맥도 한 걸음 한 걸음씩 올라가는 수밖에 도리가 없다는 것입니다. 아무리 위대한 일도 한 걸음 한 걸음 작은 일을 해나가는 과정을 거쳐야 이루어집니다.

교세라를 창업할 무렵 나는 확실히 깨달았습니다. 성공까지 가는 길에는 고속 제트기나 최첨단 자동차 같은 것은 없습니다. 한 걸음 한 걸음 작은 노력을 끊임없이 기울이며 나아가는 수밖에 없습니다. 그러다 보면 결국 본인이 상상하지도 못한 놀랍고 위대한 일을 이루게 됩니다. 이처럼 아무리 위대한 일이라 해도 작은 노력이 끊임없이 쌓여 이루어진다는 사실을 깨달은 뒤부터는 일을 대하는 내 태도가 달라졌습니다. 화려하지도 않고 첨단 제품도 아닌 파인세라믹스를 만든다고 해서 내 인생이 보잘것없어지리라는 생각을 버렸기 때문입니다.

"좀 더 노력하세요"라고 하면 "노력하고 있습니다"라고 대답하는 사람들을 종종 봅니다. 모두 주관적인 자기 의견을 말하고 있는데, 노력은 주관적으로 판단할 문제가 아닙니다. 객관적으로 봐서 누구에게도 지지 않을 만큼 노력하고 있는지가 중요합니다. 스스로 판단하기에 노력하고 있다는 것만으로는 부족합니다. 객관적으로 봤을 때 정말로 노력하고 있기 때문에 누가 보아도 '노력에선 저 사람을 이길 수 없어'라는 생각이 들 정도여야 합니다.

⑤ 매출은 최대한으로, 경비는 최소한으로
: 들어오는 것을 생각해 나가는 것을 조절한다.
 이익을 좇지 말고 따라오게 한다

다섯 번째는 '매출을 최대한 늘리고 경비를 최소로 줄이는' 것입니다. 다시 말하자면, 들어오는 것을 생각해 나가는 것을 조절하고, 이익을 좇지 말며 따라오게 하라는 것이지요. 이것은 경영의 핵심인 '매출은 최대한 끌어올리고 이에 들어가는 비용은 최대한 줄이라'와 일맥상통하는 말이기도 합니다. 교세라를 창업할 즈음 전 직장상사였던 아오야마 쇼지 씨, 그리고 경리과장이었던 분과 토론한 끝에 내린 결론이기도 합니다.

경영 지표로 이용하는 것 중에는 손익계산서라는 것이 있습니다. 매출을 항목별로 기록한 뒤 합계를 내고, 비용도 필요한 경비를 종류별로 기록한 뒤 합계를 낸 것입니다. 기업 회계의 기초가 되는 서류라고 할 수 있지요.

대학에서 공학을 전공했든 인문학을 전공했든 회계라는 것, 즉 부기簿記를 공부해두어야 한다고 생각합니다. 이때 부기는 회사의 경리가 회계장부를 기록할 때 작성하는 복식부기를 말합니다. 매출과 경비를 한눈에 비교할 수 있는 장부 기록법이지요. 현재 일본에서는 상업계 고등학교에서 이 복식부기를 가르치고 있지만 대학의 경제학부나 경영학부에서는 가르치지 않는 것으로 알고 있습니다.

공학을 전공했든 문학을 전공했든, 자신만의 독자적인 사업을 하려는 사람이라면 복식부기로 기록된 손익계산서에 익숙해져야 합니다. 설령 가정주부라 해도 가정 경제를 제대로 꾸려나가려면 이 복식부기에 대해 알아두어야 할 것입니다.

손익계산서에 나오는 매출, 비용, 영업이익, 세전이익 등은 정말 잘 알아두어야 하는데 어디서도 제대로 가르치지 않고 배우려고도 하지 않습니다. 저도 어디서 그런 것을 배워본 적이 없었기 때문에 교세라 창업 초기에 경리과장에게 이것저것 물어가며 배웠습니다. 그런데 생각보다 내용이 복잡하고 처리해야 할 다른 일들이 산더미처럼 쌓여 있었기 때문에 "알았어. 매출은 최대한 끌어올리고 비용은 최대한 낮추면 되는 거군" 하고 지침을 정하고, 지금까지 그 지침에 맞추어 경영을 해왔습니다.

사실 이런 단순한 사실을 일류 대기업 경영자들도 제대로 알지 못하는 경우가 많습니다. 매출을 올렸지만 비용을 빼면 사실상 적자라는 사실을 자세히 설명을 듣고서야 이해하는 경우가 대부분입니다.

'매출을 최대로, 비용을 최소로'라고 할 때 이것을 이해하는 정도도 사람에 따라 다릅니다. A라는 경영자는 충분히 이익을 올렸기 때문에 사치라 생각하지 않고 훌륭한 본사 건물을 세웁니다. 하지만 저 같은 경영자들은 이익을 충분히 남겨 본사 건물을 세울 자금이 충분한데도 세우지 않고 다른 건물에 세 들어 지내는 불편을 감수합니다. 이런 차이는 그 사람이 가진 인생관, 즉 철학의 차이에서 오는 것입니다.

또, 나는 '이익을 최대로, 경비를 최소로'를 실천하면서 항상 '이익을 좇는 것이 아니라, 이익이 뒤에서 따라오게 만든다'는 것을 명심하고 있습니다. 매출을 최대한 올리되 경비를 사용하지 않으려고 철저하게 노력하면 매출에 대한 이익, 즉 매출이익률이 아주 높아집니다. 일반적으로 매출이익률은 몇 퍼센트만 되어도 좋은 편이라고 합니다. 만일 매출 이익률이 10퍼센트라면, 그 기업은 고수익을 올리고 있다 할 수 있습니다. 만일 매출이익률을 20퍼센트, 혹은 30퍼센트까지 끌어올리는 회사가 있다면 초우량 고수익 기업이라 할 수 있습니다.

나는 지금까지 매출을 최대로 하고 경비를 최소로 한 결과 얻어지는 수익을 계속 쌓아가면 고수익을 올릴 수 있다는 생각으로 경영을 해왔습니다. 공명정대하게 매출을 최대한 늘리고 경비를 최소한으로 줄이는 방향으로 나아가면 이익률은 따라서 높아지는 경영을 추구했습니다. 이런 경영이 확실히 진가를 드러내는 것은 불황이 찾아왔을 때입니다. 예를 들어 매출이익이 몇 퍼센트에 지니지 않는 기업은 갑자기 불황이 닥쳐 매출이 20~30퍼센트 정도 뚝 떨어지면 적자를 보고 맙니다. 하지만 평소 매출 이익률이 20퍼센트인 기업은 매출이 40퍼센트 정도까지 떨어져도 아직 수익을 올릴 수 있습니다. 이처럼 고수익 기업은 불황에 강합니다. 이렇게 되기 위해선 경기가 좋을 때 고수익기업으로 기업 체질을 바꾸어놓을 필요가 있습니다.

⑥ 가격 결정이 경영이다

: 가격 결정은 최고경영자의 몫,
고객도 기쁘고 자신도 수익을 낼 수 있는 지점은 하나다

여섯 번째는 '가격 결정이 경영이다'입니다. 즉, 가격 결정이야말로 최고경영자가 할 일이고, 고객도 기쁘고 자신도 수익을 낼 수 있는 지점을 찾아야 한다는 것이지요.

교세라를 창업할 때 나는 새로운 파인세라믹스를 합성하는 기술을 개발했습니다. 이것은 당시 대량 생산되기 시작한 TV 진공관의 절연용 부품으로 이용되었습니다. 그런데 이 부품을 만드는 곳은 교세라밖에 없었고, 주문한 회사도 특정 업체 한 곳이었습니다. 따라서 가격을 비교할 데가 없었고, 결국 내가 결정해야만 했습니다.

가격을 결정할 때에는 재료비나 인건비 등 여러 비용을 조사하고 그것에 적정한 이익을 붙이는 것이 보통입니다. 만일 어떤 제품의 원가가 10엔이고, 여기에 이익 1엔을 붙여 11엔으로 가격을 결정했다고 가정해보겠습니다. 그런데 고객이 그처럼 비싼 것은 필요 없다고 한다면 제품을 전혀 팔 수 없게 됩니다. 그래서 고객에게 얼마면 살 것인지 물었더니 8엔이라는 대답을 들었습니다. 원가보다 2엔이나 싼 가격이기 때문에 장사가 잘될수록 더 큰 적자를 보게 됩니다. 시세가 정해져 있지 않은 상품은 이처럼 파는 측과 사는 측이 서로 교섭해 정한 가격이 판매가가 됩니다. 이런 경우엔 가격에 맞추어 제조하는 방법에 대해 생각해야 합니다.

반대인 경우도 있습니다. 10엔이 원가인 제품을 팔러 갈 때 고민이 시작됩니다. 그전에 다른 고객으로부터 "8엔 이상은 낼 수 없다"는 말을 들었기 때문에 가격을 어떻게 정해야 할지 고민입니다. 자신이 먼저 가격을 말하기가 두려워 "얼마 정도면 구입하시겠습니까?" 하고 물어봅니다. 그러자 고객이 "18엔 정도면 기꺼이 사용하겠습니다"라고 합니다. 속으로 8엔 정도를 이야기하면 이번 거래도 힘들다 생각했는데 18엔이라 하니, 원가를 빼고도 8엔이나 이익이 남습니다. 하지만 너무 기뻐하는 표정을 짓지 않으려 애쓰면서 오히려 고충을 무릅쓴다는 듯한 표정으로 "좀 어렵긴 하지만 그렇게 해드리지요"라고 말합니다. 그런데 이때 고객은 제품 가격이 20, 30엔 정도 할 것으로 생각하고 나름대로 가격을 깎아서 말한 것입니다. 이처럼 판매가를 결정하는 것은 아주 어려운 일이고 그것을 결정하는 방법도 다양합니다.

사실 저도 처음에는 누구도 만들지 못한 종류의 파인세라믹스를 개발했기 때문에 제품이 가진 가치로 가격을 정해 팔아야겠다고 생각했습니다. 하지만 아무리 원가가 10엔이라 해도 그것을 사용하는 사람이 10엔의 가치를 인정해주지 않으면 원가에도 팔기가 어려워집니다. 거꾸로 18엔에 팔아도 고객이 계속 사려고 하면 그 제품에는 18엔의 가치가 있게 됩니다. 내가 만든 제품에 대해 8엔의 가치만 인정해주는 사람이 있는가 하면, 18엔의 가치를 인정해주는 사람도 있습니다. 결국 고객이 이 정도 가격이면 사도 손해 보지 않는다고 인정해주는 제품의 가치가 중요해집니다. 즉, 고객에게 이익이 되는 물건을 만들면 어찌 되었든 팔린다고 보면 됩니다.

주위 기업들을 보면 박리다매로 싸게 팔아 돈을 벌려 했지만, 그것이 뜻대로 되지 않는 경우도 있고, 가격을 높게 책정했더니 잘 팔리지 않아 망하는 경우도 있습니다. 이처럼 가격 결정은 그리 쉬운 문제가 아닙니다. 가격 결정이야말로 경영 그 자체라 할 만큼 중요하고 어려운 일입니다.

⑦ 경영이란 강한 의지로 결단을 내리는 것이다
: **경영자에게 필요한 것은
바위를 뚫을 정도의 강한 의지이다**

일곱 번째는 '경영이란 강한 의지로 결단을 내리는 것'입니다. 바위를 뚫을 정도로 강한 의지여야 합니다.

제 생각에 경영이란 끊임없이 무언가를 결정하는 것입니다. 멋진 경영자와 그렇지 않은 경영자의 차이점은 바로 이런 의지를 갖고 있는지에 따라 생깁니다. 훌륭한 경영자는 바위를 뚫을 정도로 확고한 의지를 갖지만, 그렇지 않은 사람은 바위를 만나면 포기하고 다른 길을 택합니다.

경영에는 예측할 수 없는 요소가 아주 많습니다. 사업 목표를 세우고 올해 매출은 얼마로 하고, 경비는 어느 정도까지 줄이자고 계획을 짜도 예상치도 못한 방해요소가 앞길을 가로막습니다. 갑자기 불경기가 닥치기도 하고 천재지변이나 전쟁이 일어나기도 합니다. 신이 아닌 이상 한 치 앞을 내다보기 어려운 것이 보편적인 인간의 한계입니다.

경영 환경에는 불확실한 요소가 너무 많습니다. 하지만 경영자는 이런 불확실한 상황 속에서도 직원들에게 올해 매출은 얼마로 늘리고 경비는 얼마로 줄여 수익을 얻자고 선언한 뒤, 그들의 힘을 한 방향으로 모아 끌고 가야 합니다. 하지만 이렇게 제시한 목표는 너무도 많은 불확실한 요소들과 관련 있습니다. 1년 후 원료 가격은 어찌 되어 있을 것인가, 또, 시장은 어찌 되어 있을 것인가. 미리 정확히 예측할 수 없는 것이 너무 많습니다. 그럼에도 경영자는 직원들에게 올해 매출은 얼마까지 끌어올려 수익은 어느 정도 낼 것이며, 이를 위해 경비는 어느 정도 줄일 것이라고 확실히 선언하지 않으면 안됩니다.

또, 상장 기업이라면 증권회사, 일반 투자가, 주주들에게도 설명해야 합니다. 그러면 주주나 투자가들은 경영자의 말을 믿고 주식을 사고 투자를 합니다. 그런데도 경영에 문제가 생겼을 때 "경기가 갑자기 너무 나빠졌고 미국에서 테러 사건이 일어나서…" 같은 변명을 한다면 주주나 투자가들에게 무책임하다는 인상을 줄 수밖에 없습니다. 우수한 경영자라면 수많은 불확실 요소들을 극복하고 원래 세운 목표를 어떻게든 달성해야 합니다. 이것이야말로 우수한 경영자의 절대 조건입니다.

그런 의미에서 앞날을 예측하기 어려운 불확실한 상황에서도 경영자가 제시한 목표를 이루기 위해 포기하지 않고 달려가는 '의지'가 바로 경영이라고밖에 표현할 수 없습니다. 사실상 이 과정에서 객관적인 요소는 별로 중요하지 않습니다. 경영자가 '나는 이렇게 하고 싶다'라고 생각한 의지가 가장 중요합니다. 결국 경영이란 경영자의 의지라고 할 수 있습니다.

1년이 지나고 기업에서 실적을 발표할 때, 그 출발점까지 거슬러 올라가 보면 항상 경영자의 의지가 있습니다. 이 의지가 강하지 않으면 실적은 나오지 않을 것이고 경영자로서도 실격입니다. 의지가 강한 경영자는 자신의 의지가 현장에서 꺾이는 것을 가만히 두고 보지 않습니다. 예를 들어 사업부장이 실행할 수 없다면 사장인 자신이 나서서라도 문제를 해결합니다. 강력한 실행력은 그것을 이루고자 하는 강렬한 의지가 있기 때문에 가능한 일입니다.

회사든 취미 동아리든 어떤 집단을 만들어 이끌어나가는 리더라면, 강렬한 의지를 가져야만 구성원들의 힘을 한 방향으로 모아 무언가를 이루어낼 수 있습니다.

⑧ 불타는 투혼을 가진다
: 경영에는 어떤 격투기도 이겨낼
투쟁심이 필요하다

여덟 번째는 '불타는 투혼을 가지라'는 것입니다. 경영을 할 때, 특히 상장기업을 이끌어가고 있을 때는 불타는 투혼이 꼭 필요합니다. 나는 상대가 아무리 드센 격투기 선수라도 투쟁심만 놓고 보면 결코 이겼으면 이겼지 지지 않을 정도가 되어야 한다고 늘 주장합니다.

요즘은 여성 기업가들도 점점 늘어나고 있습니다. 이분들도 경영에 임할 때만은 지지 않는 투쟁심을 보여주는 것이 중요합니다. 그렇다고 해서 무조건 싸우려 들거나 무조건 지지 않으려고 경쟁심에 사로잡히라는 뜻은 아닙니다. 경영자는 날마다 무언가를 결정해야 하고, 대부분 결정에는 직원 100, 200명의 운명이 걸려 있습니다. 이렇다 보니 손발이 떨리고 혈뇨를 볼 정도로 고민하고 또 고민하며 결단을 내릴 때가 많습니다. 이럴 때 불타는 투지나 투쟁심이 없다면 제대로 된 결단을 내릴 수 없습니다.

⑨ 용기를 내서 일을 처리한다
: 비겁한 모습을 보여선 안 된다

아홉 번째는 '용기를 내서 일을 처리하는 것'입니다. 즉, 비겁하게 처신해선 안 된다는 것이지요. 일곱 번째 '경영이란 강한 의지로 결단을 내리는 것이다', 여덟 번째 '불타는 투혼을 가진다', 아홉 번째, '용기를 내서 일을 처리한다'는 서로 통하는 비슷한 원칙들이며, 모두 아주 중요합니다.

나는 가고시마대학교에 다닐 때 2년 정도 가라테 동아리에서 수련을 했습니다. 그래서인지 싸우는 것을 별로 두려워하지 않습니다. 경영을 하면서 어떤 일을 결정하는 용기는 싸움을 두려워하지 않는 육체적인 강인함과 아주 관계가 없다고 할 수는 없습니다. 저의 경우엔 가라테 수련을 받아 육체적으로 자신감을 갖춘 것이 나중에 경영을 할 때 아주 많은 도움을 주었습니다. 그래서 우리 회사 간부들에게도 가라테를 가르쳐줄까 물어보기도 하고, 모두 정신적인 강인함을 갖추라고 조언도 하고 있습니다.

그런데 지금 다루고 있는 용기, 투쟁심, 강한 의지 같은 것은 자연계에서도 자주 볼 수 있습니다. 예를 들어 새가 둥지를 틀고 이제 막 알에서 깬 새끼를 키우고 있을 때 매 같은 맹금류가 찾아와 습격하는 일이 종종 있습니다. 이때 작은 어미 새는 새끼를 지키기 위해 자신이 도저히 감당할 수 없는 맹금류에게 맞서는 용기를 보입니다. 바로 이런 용기가 내가 말하고 싶은 경영자로서 지녀야 할 용기입니다.

새끼가 없었더라면 벌써 도망갔거나 겁을 먹고 꼼짝 못하다 습격당했을 어미 새는 이제 지켜야 할 새끼가 있기 때문에 자신보다 몇 배나 힘이 센 맹금류에게 맞섭니다. 경우에 따라선 새끼들이 숨어 있는 덤불 숲에서 날아올라 일부러 적의 시선을 끌어들입니다. 적이 자신을 공격하게 만들어 새끼들을 안전하게 지키기 위해서입니다. 여기서 한 걸음 더 나아가 상처를 입어 날 수 없는 척을 해서 새끼 대신 자신을 공격하도록 만드는 어미 새도 있습니다.

경영자로서 지녀야 할 용기란 바로 이런 것입니다. 원래는 온순하고 용기 같은 것이 있을까 싶은 사람이라 해도 경영자로서 의무감과 책임감을 강하게 느낄 때는 용기 있게 떨치고 일어나야 합니다. 예를 들어 100명의 직원을 거느린 경영자라면 무슨 일이 있어도 이 사람들이 길거리로 쫓겨나게 해선 안 됩니다. 설령 폭력배가 들이닥쳐 협박해도 직원 100명의 가정을 지키겠다는 책임감과 용기가 있어야 합니다. 원래 배짱과 담력이 부족한 사람도 경영자로서 책임감과 의무감이 충실하면 어느새 배짱과 용기가 길러지는 법입니다. 하지만 억지로 경영자로서 책임감과 의무감을 갖추는 시늉을 했다 해도 내면에 배짱과 용기가 갖춰지지 않았다면 리더로서 구실을 하기 어렵습니다. 만일 이런 사람이 대표가 되면 그 집단 구성원의 앞날은 어두워지겠지요.

싸움을 잘하고 담력이 세고 용기가 있는 사람만이 기업을 세워 경영자가 되어야 하는 것은 아닙니다. 하지만 자신이 어떤 기업의 대표가 되어 경영을 하게 된 이상, 아무리 어려운 일이 닥쳐도 도망가지 않는 책임감을 발휘하고 그러는 가운데 점점 용기를 키워가야 합니다. 이런 삶의 방식이야말로 경영자에게 가장 필요한 태도입니다.

⑩ 항상 창조적으로 일한다
: 오늘보다 나은 내일, 내일보다 나은 모레를 지향하며
늘 개량하고 개선하는 창의적인 생활을 한다

열 번째는 '항상 창조적으로 일하는 것'입니다. 이것은 오늘보다 나은 내일, 그리고 내일보다 나은 모레를 지향하며 항상 개선해나가려는 태도입니다. 어떻게 하면 창의적으로 살까를 궁리하는 것이라 할 수 있습니다.

예를 들어 자신의 가업이 술을 들여와 파는 주점이라 가정해봅시다. 그런데 요즘은 아무나 술을 자유롭게 팔 수 있어 공급이 넘쳐 가격 붕괴의 원인이 되고 있습니다. 그로 인해 경영 상태가 날로 악화하고 있는 가업을 이어야 하는 상황을 맞이할 수 있습니다. 어떻게든 사업가의 길은 걷고 싶지만, 주점을 계속해야 하는지는 의문입니다.

사업을 하다 보면 불경기는 누구나 겪게 됩니다. 내가 지난 몇십 년 동안 경영자로 살아오면서 크게 느낀 점은 사업을 다각화하면 불경기에도 쓰러지지 않는 안정된 경영 상태를 만들 수 있다는 것입니다.

처음 교세라를 세웠을 때 우리가 만든 파인세라믹스 부품을 전자제품 제조업체에 공급하는 일을 했습니다. 하지만

전자제품 회사에 불경기가 시작되면 우리 회사도 함께 불경기를 겪는다는 사실을 알아차리고 재빨리 사업 다각화를 시작했습니다. 우선 파인세라믹스 부품을 산업기계 분야에도 팔기로 했습니다. 일반 소비자를 대상으로 하는 전자제품 업계에 불황이 찾아와도 산업기계 분야는 큰 영향을 받지 않는 경우가 많기 때문입니다. 상품을 다각화해 다품종을 생산하면 불경기에도 경영을 안정적으로 끌고 가기 쉽습니다.

이와 관련해 항상 새로운 제품을 개발하려고 노력하는 과정을 거듭하며 기업을 키워왔습니다. 교세라 본사에는 파인세라믹스 전시 홍보관이 있습니다. 이곳을 둘러보면 교세라가 그동안 쉬지 않고 신제품을 개발해온 것을 알 수 있습니다. 아마도 교세라 직원들의 유전자에는 '기술혁신에 대한 도전'이란 코드가 새겨져 있지 않을까 싶습니다. 이런 근무환경을 만드는 데 기초가 되는 것은 역시 창조적으로 일하는 자세였습니다.

매일매일 창조적인 일에 대해 생각하면서 1년 365일을 보내면 큰 변화가 일어납니다. 좀 쉽게 설명하자면 청소를 예로 들 수 있습니다. 매일 창조적으로 청소하는 사람이라면 오늘은 이곳을 이런 방법으로 청소하고, 내일은 다른 곳을 다른 방법으로 청소하면서 가장 효율적인 방법을 찾을 것입니다. 그 과정에서 빗자루도 바꿔보고 걸레도 바꿔볼 것이고 청소하는 방법도 새로운 것으로 도전해볼 것입니다. 이런 사람은 창조적으로 궁리하며 살아가는 태도가 몸에 배게 됩니다.

그렇게 매일 1년 365일 생각하고 또 생각하다 보면 더 이상 생각할 것도 없을 듯합니다. 하지만 그렇지가 않습니다. 무언가 더 좋은 방법이 없을까 하고 궁리하다 보면 새로운 생각은 언제든 이어집니다. 그리고 생각을 이어가고 또 이어가다 보면, 미처 상상도 못 했던 곳까지 이르게 됩니다. 특히 나는 기술개발자로서 매일매일 창조적으로 생각하고자 노력한 끝에 일본에서 그 누구도 성공하지 못했던 제품을 개발한 적이 있습니다.

오늘날 교세라는 파인세라믹스를 비롯해 태양전지, 통신기기 등 다양한 분야에서 사업을 펼치고 있습니다. 그만큼 다양한 기술을 개발했다는 것인데, 알고 보면 그리 대단한 일도 아닙니다. 다른 사람들이 모두 불가능하다고 시도조차 하지 않은 일을 묵묵히 해낸 것뿐입니다. 오늘보다 더 나은 내일을 맞기 위해 쉬지 않고 조금씩 개량하고 개선하면서 창의적으로 연구하다 보면 훌륭한 기술을 개발할 수 있는 날은 반드시 찾아옵니다.

⑪ 배려하는 마음으로 성실히 일한다
   : 상거래에는 상대가 있다.
     나와 상대, 모두가 행복하고 기쁘도록

 열한 번째는 '배려하는 마음으로 성실히 일하는' 것입니다. 모든 상거래에는 상대가 있습니다. 상대방까지 행복하고 기쁠 수 있도록 배려하는 태도는 아주 중요합니다. 지금까지 경영자가 지켜야 할 10가지를 이야기했습니다. 이 모든 것의 밑바탕에는 상대방을 배려하는 마음이 깔려 있어야 합니다.
 착실하고 성실한 태도는 경영자의 기본입니다. 자기만 좋으면 된다는 이기적인 사고방식을 가진 사람이나 매사에 불성실하고 성의가 없는 사람은 경영자로서 성공할 수 없습니다. 비즈니스 세계는 약속으로 이루어지고, 계약을 바탕으로 돌아갑니다. 이처럼 약속과 계약으로 이루어진 세계에서는 성실함이 아주 중요합니다. 성실함이 의심될 경우 계약은 이루어지지 않을 것입니다. 또, 계약이나 거래를 할 때는 내가 이익을 남기려 하는 만큼 상대도 이익을 보고 싶어

한다는 사실을 알고 배려해야 합니다.

에도시대 교토에 이시다 바이간石田梅岩이라는 상인이 살았습니다. 이시다는 가메오카亀岡 출신으로 교토 중심부인 무로마치의 한 의류도매상에 견습생으로 들어가 나중에 총지배인의 자리에까지 오르게 됩니다. 말년에는 서민을 상대로 교육하는 윤리학에 일가를 이루어 오늘날 나처럼 경영철학을 상인들에게 가르쳤습니다.

에도시대에는 아직 사농공상士農工商이라는 신분제도가 있었습니다. 가장 높은 계급은 무사였고, 그 아래로 농민, 물건을 만드는 도공이나 장인이 이어지고, 가장 아래가 상인이었습니다. 상인은 최하위계층으로 꽤 멸시당하는 사람들이었습니다.

그런 시대에 이시다는 상인들을 모아놓고 이렇게 말했습니다. "무사를 비롯한 세상 사람은 상인들이 이익을 남기기 위해 거짓말도 서슴지 않는다고 비난합니다. 하지만 그것은 편견일 뿐입니다. 우리 상인들이 이익을 남기는 것은 무사들이 녹을 먹는 것이나 마찬가지입니다. 결코 잘못된 일이 아닙니다. 하지만 우리 상인들도 주의할 것이 있습니다. 정도를 벗어나 인간으로서 부끄러운 일을 해서 이익을 남겨선 안 됩니다." 그리고 배려하는 마음에 대해서도 다음과 같이 말했습니다.

"진정한 상인은 상대를 세워주고, 나도 세웁니다."

진정한 상거래에선 상대도 벌고 나도 벌어야지, 나만 벌고 상대는 손해 보아선 안 된다는 뜻입니다.

이시다 바이간이 상도덕을 가르칠 때도 강조했듯이 배려란 정말 중요합니다. 그런데 사람들은 배려하는 상냥한 마음이 치열한 경쟁 사회에서 살아남는 데 오히려 방해되지 않을까 걱정합니다.

앞에서 설명했듯이 경영을 하려는 자는 누구에게도 지지 않을 노력을 하고, 아주 강렬한 소망을 마음에 품고 불타는 투쟁심 속에서 전력을 다해야만 합니다. 하지만 이때 경영자의 마음 밑바닥이 배려로 다져져 있어야만 이 모든 과정이 제대로 이루어질 것입니다. 옛 속담에도 '인정을 베푸는 것은 남을 위해서가 아니다'라는 말이 있습니다. 인간으로서 다른 사람을 배려하지 못하는 마음씨를 가진 사람은 아무리 뛰어나고 스스로 노력한다고 해도 진정한 경영자라 할 수 없습니다.

⑫ 항상 밝고 긍정적으로, 꿈과 희망을 품고 솔직한 마음을 가진다

마지막은 '항상 밝고 긍정적으로, 꿈과 희망을 품고 솔직한 마음을 가지는' 것입니다. 이것은 경영자에게 아주 중요합니다. 항상 밝고 긍정적으로 꿈과 희망을 품고 솔직한 마음으로 있는 것이야말로 경영자가 취해야 할 가장 중요한 자세입니다.

기업을 이끄는 대표, 특히 벤처 기업의 리더는 한 치 앞이 보이지 않는 상황에서 불안해지기 쉽습니다. 불안한 만큼 스스로 밝게 지내려고 노력하지 않으면 아무리 적은 수라도 직원들을 이끌고 가기가 쉽지 않습니다.

항상 긍정적으로 지내는 것이 중요한 이유는 조직을 이끌어가기 위해서만은 아닙니다. 밝은 마음 상태가 되어야만 행운이 깃들기 때문입니다. 반대로 어둡고 음울한 마음에는 결코 행운이 찾아오지 않습니다. 일과 인생이 잘 풀리는 사람은 결코 우울한 표정을 짓지 않습니다. 앞으로 살아갈 인생에 대해 꿈과 희망을 가지고 있기 때문입니다.

나는 학교를 졸업할 때까지 아주 불운한 인생을 살았습니다. 하지만 학교를 졸업한 뒤부터는 "앞으로 멋지고 밝게 빛나는 미래가 반드시 찾아올 거야. 나처럼 전심전력으로 노력하는 사람도 없기 때문에 하늘도 나를 도와줄 거야"라고 틈만 나면 스스로 되뇌었습니다. 그런데 정말 그 생각대로 이루어졌습니다. 지금 어떤 역경에 처했다 해도, 또 어떤 불행을 만났다 해도 자신이 처한 환경을 어둡게만 보지 말고, 미래에는 멋진 인생이 펼쳐지리라고 믿으며 살아가는 것이 중요합니다.

동시에 항상 '솔직하고 순수한 마음'으로 매사에 임해야 합니다. 솔직하지 못하고 비비 꼬인 마음으로는 아무것도 배울 수 없습니다. 솔직한 마음, 순수한 마음이야말로 배움에 가장 필요한 것이라 할 수 있습니다. 따라서 솔직하고 순수하지 못한 사람은 절대 발전할 수 없습니다. 하지만 어린아이처럼 솔직함과 순수함을 가진 사람이라면 아무리 나이가 들어도 발전하고 성장합니다.

마쓰시타 고노스케 씨는 초등학교 4학년 때까지만 학교를 다녔지만, "나는 귀로 듣는 공부를 해"라고 하면서 여러 사람에게 가르침을 구했습니다. 나이가 들어 많은 사람의 존경을 받게 된 뒤에도 똑똑한 젊은이들에게 "내가 학문이 부족해서 그러니 부디 가르쳐주게"라고 말하기를 꺼리지 않았습니다. 80대가 되어도 모르는 것을 부끄러워하지 않고 배우려 드는 솔직하고 순수한 마음을 가진 이분이 바로 마쓰시타전기산업이란 대기업을 일으켜 경영하고 계신 분이라니 놀라울 따름입니다.

순수하고 솔직한 마음은 정말 소중합니다. 특히 지금부터 성장해나가는 여러분 같은 분들에겐 꼭 필요한 것이라고 생각합니다.

• 이 장은 2001년 10월 10일 가고시마대학교 공학부에서 열린 '교세라 경영학 강좌'를 재구성했습니다.

제6장 이나모리 필로소피의 힘

이나모리 연구가 패널 토론
(가고시마대학교 이나모리 아카데미)

가고시마대학교 이나모리 아카데미가 2016년 개최한 제4회 심포지엄에서 이 책 첫 장에 수록된 대로 이나모리 명예회장이 '지금 그대들에게 전하고 싶은 말'이라는 제목으로 기조연설을 했습니다. 뒤이어 이나모리 연구의 권위자 네 명이 '이나모리 필로소피: 무엇을 연구하고 어떻게 가르칠까'를 주제로 패널 토론을 진행했습니다.

이나모리 연구의 최고봉이라 할 수 있는 이 네 명의 교수들은 '이나모리 필로소피'의 중요성과 그 의미를 경영인류학, 경영철학, 기업윤리, 관리 회계학 등의 관점에서 논증하고 토론했습니다. 토론 진행은 공립 돗토리환경대학교 경영학부 교수이자 교토대학교 명예교수인 히오키 고이치로日置弘一郎 선생님이 맡았습니다. 히오키 선생님은 기존 경영학의 틀에 얽매이지 않고 경영학과 문화인류학을 융합한 '경영인류학'이란 새로운 분야를 개척한 장본인이기도 합니다.

이어서 나머지 패널 세 분을 소개하겠습니다. 첫 번째는 레이타쿠대학교 대학원 경제연구과 교수이자 경제학부 교수인 다카 이와오高巖 선생님입니다. 다카 선생님은 《고등학생과 함께 배우는 이나모리 철학》이라는 저서를 내셨습니다. 토론에선 '경영철학과 기업윤리'라는 입장에서 발언하셨습니다.

다음은 고베대학교 대학원 경영학연구 교수인 미야 히로시三矢裕 선생님입니다. 미야 선생님은 《아메바경영론》 《아메바경영이 회사를 바꾼다》와 같은 저서를 내신 아메바경영 연구의 일인자입니다. 현재 아메바경영학술연구회의 위원장도 맡고 계십니다. 이번 토론에선 관리회계학의 관점에서 아메바경영에 대해 중점적으로 말씀하셨습니다.

마지막으로 리쓰메이칸대학교 MOT대학원 교수이자

이나모리 경영철학 연구센터장을 맡고 계신 아오야마 아쓰시 青山敦 선생님입니다. 리쓰메이칸대학교 이나모리 경영철학 연구센터는 2016년 5월에 설립되었습니다. 이곳에선 이나모리 경영철학을 경영학, 철학, 심리학, 사회학 등 여러 학술 분야와 융합해 종합적으로 연구하고, 이나모리 경영철학을 일반화와 보편화하는 데 기여하고 있습니다. 아오야마 선생님은 《교세라 이나모리 가즈오, 마음의 경영 시스템》의 저자이기도 합니다.

이번 장에서 이나모리 연구의 최고봉에 있는 네 분이 진행한 패널 토론을 소개합니다.

히오키: 공립 돗토리환경대학교의 히오키입니다. 종종 이런 심포지엄을 진행합니다만 방금 전에 끝난 기조강연을 들어보니 학생들이 중요한 곳을 잘 짚어서 질문하고 있다고 느꼈습니다.

이제 쟁쟁한 토론자들을 모시고 패널 토론을 진행하겠습니다. 각각 전공 분야는 달라도 이나모리 연구에 깊이 관여하고 계신 분들입니다. 대개 학자란 사람들은 간단한 사실도 어렵게 말하곤 합니다. 하지만 오늘만큼은 이 토론에 참여하신 패널분들이 어려운 것을 쉽게 설명해주시면 좋겠습니다.

우선 다카 교수님부터 '왜 이나모리 철학은 사회를 움직일 수 있는가'라는 제목으로 말씀하겠습니다.

다카 이와오 교수:
왜 이나모리 철학은 사회를 움직일 수 있는가

방금 히오키 교수님께서 소개해주신 다카라고 합니다. 본인이 계신 자리에서 이런 말을 하면 이상할 수 있겠지만 이나모리 철학은 곧 인생철학이자 경영철학입니다. 특히 오늘 제1부에 있었던 이나모리 명예회장님의 기조강연은 인생철학의 에센스 중 에센스라 할 수 있습니다.

그런데 저는 이나모리 철학을 사회철학의 관점에서 바라보고 싶습니다. 사회철학이란 사회가 어떠해야 하는지 생각하는 학문입니다. 다시 말해, 어떤 사회여야만 그곳에서 살아가는 사람들이 행복해질지를 고민합니다. 사회철학은 주로 유럽에서 발달한 사상이지만, 중세까지만 해도 유럽에서 '사회가 어떠해야 하는가'에 대해서 이야기하는 사람들은 거의 없었습니다.

왜냐하면 이미 교황이 있고, 국왕이 있고, 영주가 있어서, 이들이 사회의 피라미드 구조 윗부분에서 명령을 내리면 이 명령을 기초로 한 질서가 사회를 지탱해주었기 때문입니다. 이런 사회에서 생활하는 사람들은 사회가 어떠해야 하는지 고민할 필요 없이 명령이 내려오는 대로 살면 됩니다. 이것이 중세 유럽의 특징입니다.

하지만 르네상스가 시작되고 대항해시대를 지나면서 사회는 점점 변해갑니다. 결정적으로 종교개혁과 시민혁명이 일어난 뒤 기존의 사회질서는 완전히 무너집니다. 피라미드 계층 구조의 가장 위에 있던 국왕까지 처형을 당해 단두대의 이슬로 사라지고 맙니다. 이렇게 되자 질서의 원천이 사라졌기 때문에 사회는 어떠해야 하는가를 학문적으로 다룬 사회철학의 논의가 시작되었습니다. 이어서 여러 논객과 주장이 나타났지만, 서민들에게 가장 널리 받아들여진 것은 가장 간단하고 이해하기 쉬운 '공리주의'였습니다.

공리주의에서 문제가 되는 두 가지 함정

공리주의란 무엇인가 가만히 생각해보면 오늘 기조강연 내용과 상당히 다르다는 것을 알 수 있습니다. 공리주의에서는 '나 자신의 쾌락을 늘려가세요. 불쾌하게 느껴지는 것은 피해도 좋아요. 나 자신의 행복을 추구하세요. 계속 추구하세요. 단, 다른 사람의 자유를 침해하지 않는 범위 안에서 하세요'라고 가르칩니다.

이런 사상은 중세시대의 억눌렸던 사고방식으로부터 사람들을 해방해주었기 때문에 크게 환영받았습니다. 무엇보다 중요한 것은 행복해지기 위해 어떤 삶의 방식을 선택하라고 충고하거나 강요하지 않는다는 사실입니다. 스스로 자신의 행복을 결정해도 좋다는 것이 공리주의이기 때문입니다.

그런데 정책을 정할 때 개인의 행복이 충돌하기도 합니다. 예를 들어 어떤 정책에 대해 나 자신은 저항을 느끼지만, 다른 사람은 찬성할 수도 있습니다. 이런 문제를 사회적인 차원에서 해결하기 위해 공리주의에서 내건 슬로건이 있습니다. 바로 '최대 다수의 최대 행복'입니다.

최대 다수의 최대 행복에 대해선 많은 사람이 연구했기 때문에 한계가 무엇인지에 대해서도 잘 알려져 있습니다. 공리주의에선 전체의 만족이 커지면 좋은 정책이라고 봅니다. 예를 들어 지금 이 자리에 계시는 여러분의 만족도가 100이라고 합시다. 내가 무언가를 해서 그 만족도를 200으로 끌어올렸다면, 공리주의에선 나의 행위를 좋은 것으로 봅니다. 모든 사람의 만족도 합계가 커졌기 때문입니다.

하지만 이런 공리주의 사상에는 빠지기 쉬운 함정이 두 가지 있습니다. 예를 들어 예전 미국 사회에서는 노예를 부리게 되면서 일반 국민의 생활이 풍요롭게 되어 만족도가 커졌습니다. 이때 만족도가 과거보다 더 커졌다는 이유만으로 '노예제도는 좋은 것'이 됩니다. 즉, 공리주의에는 노예 같은 소수파의 이익을 무시하기 쉽다는 함정이 있습니다.

이익의 합을 키우는 것도 중요하지만, 사회 전체적으로 얻은 이익을 구성원들이 어떻게 골고루 나누어 가질지에 대한 배려도 중요합니다. 하지만 공리주의 사상 속에는 그것이 없습니다.

자유지상주의의 한계

이처럼 공리주의에는 소수의 이익을 무시하기 쉽고 사회 구성원들의 이익을 골고루 나누는 데 대한 고찰이 부족하다는 한계가 있습니다. 그리고 이런 한계를 극복하고자 나타난 사회철학이 자유지상주의입니다. 이것은 정부가 모두의 만족을 높이기 위해 더 이상 노력하지 말고 시장에 맡기자는 주장입니다.

일단 시장에 맡기면 소수파의 자유를 무시하고 이익을 소홀히 하는 일은 없을 것입니다. 소수파 사람들도 다수의 이익을 위해 무조건 희생하지 않아도 되며, 하기 싫은 일은 하지 않아도 됩니다. 즉 자유롭게 시장에 맡기면 노력한 사람은 노력만큼 보상받을 수 있고 소수파의 자유도 지킬 수 있습니다. 이것을 이나모리 명예회장님의 방정식으로 표현하자면, 다음과 같습니다.

일의 결과 = 열정 × 능력

우리가 사회에 나와 어떤 일을 하게 되면 보수를 받게 됩니다. 이런 보수나 이익은 개개인이 열정과 능력을 가지고 노력했을 경우 결정됩니다. 이런 과정이 제대로 이루어지면 공정한 사회라 할 수 있습니다.

하지만 주위를 둘러보면 항상 자신이 납득할 수 있는 공정한 분배가 이루어지지는 않습니다. '저 사람은 그다지 노력하지 않았는데도 많은 것을 얻어가는군. 나는 이렇게 노력하고 있는데…' 하며 불만을 품은 사람은 어디에나 있기 마련입니다. 이런 경우 각자의 권리를 행사하여 잘못된 상황을 바로잡아나가자는 것이 '자유지상주의'입니다.

하지만 이런 자유지상주의의 한계를 지적하는 목소리가 높아졌습니다. 자유지상주의는 '시장에 맡기면 각자 자유로운 의사를 기초로 거래가 이루어진다'는 것을 전제로 하고 있습니다. 하지만 이런 전제 자체를 의심하고 애초에 출발점 자체가 다른 것을 문제로 보는 시각입니다.

원래 유복한 집에서 태어난 사람과 가난한 집에서 태어난 사람, 어떤 재능이나 조건에서 뛰어난 사람과 그렇지 않은 사람 등과 같이 우위에 있는 사람과 열등한 위치에 있는 사람이 거래를 하면, 당연히 우위에 있는 사람의 목소리에 힘이 실릴 수밖에 없습니다. 납득하지 않아도 그 사람의 말을 듣게 됩니다.

그런 의미에서 자유지상주의는 출발점의 격차를 점점 벌어지게 만드는 한계가 있습니다. 진정한 자유를 기초로 한 사회가 아니라 약자를 더 약하게 만드는 차가운 사회를 만듭니다.

사회철학이란 '이러이러한 사회여야 한다' 혹은 '사회란 이런 것이다'라고 주장하는 철학이라고 합니다. 그렇다면 자유지상주의의 철학을 앞에서 든 예시를 통해 단순하게 받아들이면 '이 세상에서 성공한 사람들은 모두 능력도 있고 노력도 한 사람들이다'는 이야기가 되어버립니다. 어느 정도 맞는 말이기는 하지만, 이 말을 거꾸로 표현하면 다음과 같이 되어 논리적으로 무리가 생깁니다. '성공하지 못한 사람은 모두 능력도 없고 노력도 하지 않는 사람들이다. 즉, 성공하지 못한 것은 모두 당신 탓이다.' 약자를 더욱 궁지로 내모는 이런 논리는 차가운 사회를 만들게 됩니다.

이처럼 자유주의는 좋은 듯 보여도 나름의 한계가 있습니다. 그래서 이를 극복하기 위해 나온 것이 '사회자유주의'입니다.

사회자유주의에서는
정부에 의한 조정이 큰 영향을 끼친다

사회자유주의에 대해 잠깐 이야기해보겠습니다. '모든 것을 시장에 맡겨선 안 된다. 시장엔 한계가 있으므로 때때로 정부가 개입해서 조정해야 한다. 정부는 사회 저변에 있는 약자들에게 손을 뻗어 가능한 한 그들을 위로 끌어올려주어야 한다. 특히 부와 소득을 시장에 맡기면 왜곡되기 때문에 정부는 소득이 지나치게 많은 사람에겐 아주 많은 세금을 부과하는 누진 과세를 택해야 한다. 예를 들어 부모에게 많은 상속을 받는 사람들에게서 아주 많은 상속세를 걷어 약자들을 위한 사회복지에 재분배한다.' 이처럼 생각하는 것이 사회자유주의입니다.

자유지상주의와 사회자유주의 가운데 어떤 것이 좋은

지는 여러분의 판단에 맡기겠습니다. 그런데 그 전에 생각해볼 것이 한 가지 더 있습니다. 자유지상주의에서는 일의 결과를 '열정×능력'으로 나타냈습니다. 그런데 사회자유주의에선 여기에 '정부의 조정'이란 요소가 한 가지 더 첨가됩니다. 곱셈으로 나타내는 것이 조금 이상할지도 모르겠습니다만, 다음과 같은 식을 만들 수 있습니다.

일의 결과 = 정부의 조정 × 열정 × 능력

이때 정부의 조정이란, 정부가 누진 과세를 적용해 고소득자에게 더 많은 세금을 거두어 사회로 재분배하는 것을 의미합니다. 그리고 이런 과정을 통해 제대로 된 사회를 이루어나가려는 것이 사회자유주의입니다. 그런데 만일 정부가 이런 조정 역할을 제대로 하지 않으면 사회자유주의를 추구하는 사람들은 불만을 품게 됩니다. 그리고 각자의 권리를 행사해 정책을 바꾸고 정부를 개혁하려 듭니다. 유감스럽게도 현재 일본을 포함해 전 세계적으로 이런 자유지상주의와 사회자유주의가 양대 산맥을 이루며 큰 영향을 끼치고 있습니다.

자, 그럼 사회자유주의에는 한계가 없을까요? 물론 있

습니다. 소득이 많은 사람일수록 아주 더 많은 세금을 내도록 할 때, 이것이 너무 지나치면 사회 전체적으로 활력이 사라질 수 있습니다. 우리 국민은 정부가 커져도 그렇게 나쁠 것까지는 없지 않나 생각하기 쉽습니다. 하지만 세계적으로 사례를 조사해보면 개발 도상국이나 신흥국일수록 정부가 커졌을 때 부정부패하기 쉽습니다.

예를 들어 나이지리아는 석유로 벌어들이는 수입이 막대한 나라입니다. 매년 이 막대한 수입을 기초로 세우는 정부 예산 역시 상당한 규모입니다. 그런데 나이지리아 정부의 가장 큰 골칫거리는 무장 반정부 조직인 '보코하람'입니다. 몇 년 전 보코하람이 여학생 수백 명을 납치한 사건은 전 세계적인 뉴스거리였습니다.

이 사건이 일어나자 나이지리아 정부는 즉각 예산을 세워 군대를 전선으로 보냈습니다. 그런데 문제는 무기와 탄약이었습니다. 정부에선 이를 위해 충분히 예산을 세워 집행했지만, 무기를 전장에 보내기까지 여러 단계를 거치는 동안 정치가와 관료들이 각각 제 몫을 챙기는 바람에 정작 군인들은 무기와 탄약 부족에 시달려야 했습니다.

정부의 크기가 커지면 결국 이렇게 되기 쉽습니다. 따라서 정부가 사사건건 조정할 정도로 큰 힘을 발휘한다고 해서 반드시 좋은 사회가 된다고 볼 수는 없습니다.

이런 한계를 지적하며 극복하자는 목소리가 커질 때 자주 들리는 것이 '정부 주도는 안 된다' 혹은 '시장에 맡겨야 한다'는 말입니다. 결국 자유지상주의를 추구해야 한다는 이야기입니다.

자유지상주의와 사회자유주의는
물과 기름의 관계

앞에서 살펴보았듯 자유지상주의와 사회자유주의는 물과 기름의 관계입니다. 둘 다 서로를 비판하며 대립합니다. 그런데 사회가 잘 유지되고 특별히 문제만 없다면 굳이 두 가지 사고방식이 서로 토론하고 논쟁을 벌일 필요도 없지 않을까요? 여러분의 생각은 어떻습니까?

이 두 가지 사상이 명확히 대립하는 대표적인 나라는 미국입니다. 미국의 공화당과 민주당은 각각 자유지상주의와 사회자유주의를 대표하고 있습니다. 유럽도 마찬가지입니다. 일본에서도 두 입장을 대표하는 자유민주당과 민진당(현재는 입헌민주당, 국민민주당으로 분리-편집자)이 있습니다.

어느 나라나 비슷한 형편입니다만, 예를 들어 미국 같은 경우에는 과연 이 두 사상이 서로 대립하며 잘 돌아가고 있을까요? 사회적 소득분배의 불평등을 나타내는 '지니계수'라는 것이 있습니다. 0부터 1까지 수치로 나타내는데 0.4를 넘으면 그 사회는 단번에 불안정한 사회로 전락할 위험이 큽니다. 현재 미국은 0.39라는 아슬아슬한 지점까지 와 있습니다. 소득 격차가 점점 벌어지는 것은 현재 미국이 안고 있는 심각한 문제이기도 합니다.

또 하나의 문제는, 소득 격차와도 관계있습니다만, 치안의 악화입니다. 9·11 테러 이후 감시카메라 설치가 늘어가고, 이웃이나 지인도 의심하고 보는 게 당연시되고 있습니다. 세계적으로는 IS(이슬람 국가)의 확대가 심각한 문제로 떠오르고 있습니다. 막대한 자금력을 바탕으로 한 이들은 점점 세력을 키우면서 세계 곳곳에서 테러와 약탈을 자행하고 있습니다.

자유지상주의든 사회자유주의든 한 사람 한 사람 독립적인 개인들이 모여 이 사회를 이루고 있다고 가정하고 있습니다. 그리고 개인과 개인 사이에 문제가 생기면 사법부에서 소송과 재판을 통해 정리합니다. 이때 문제가 되는 것은 돈이 없으면 재판에서도 지기 쉽다는 사실입니다. 과연 이런 사회가 바람직하다고 할 수 있을까요?

기존의 사회철학만으로는 문제를 해결할 수 없는 세상

이 되고 말았습니다. 따라서 좀 쓸데없는 소리로 들릴 수도 있겠지만, 트럼프 같은 사람이 대통령으로 출마하는 것이 아닐까 싶습니다.

사회철학 흐름의 세 가지 공통점

지금부터 가장 중요한 이야기를 하려고 합니다. 기존의 사회철학만으로는 문제를 해결할 수 없다면 완전히 새로운 사회철학이 필요하지 않을까 하는 것입니다.

지금까지 소개한 두 가지 사회철학에는 공통된 전제가 있습니다. 그런데 새로운 사회철학, 즉 제3의 사회철학은 이와는 전혀 다른 전제 위에 서야만 한다고 봅니다. 그렇다면 앞에서 언급한 두 가지 사회철학에 공통된 전제는 무엇일까요? 간단히 세 가지로 정리할 수 있습니다. 첫 번째가 이 사회는 각각 독립된 개개인들이 모여 이루어졌다는 것입니다. 두 번째는 특정한 가치가 좋다고 주장하거나 강요해선 안 된다는 사실입니다. 만일 특정한 가치가 좋다고 특정한 사람이 결정해서 주장하면, 바로 거기서 사회적인 불평등이 시작된다고 보기 때문입니다.

공산주의가 바로 그런 예입니다. 공산주의라는 특정 가치를 찬양하며 공산주의 사회만이 좋다고 강요하는 것에서

부터 그런 가치를 지지하는 사람들의 독재가 시작됩니다. 따라서 특정 가치를 주장해선 안 된다는 전제를 깔고 있는 것입니다.

마지막으로 세 번째는 앞에서 언급했듯이 자신이 원하는 결과가 나오지 않았을 때는 권리를 행사해 정책이나 정부를 바꾸는 것처럼 몇 년 뒤 정산하는 것입니다.

그런데 지금 우리 사회를 지배하는 전통적인 두 가지 사상을 대신하거나 적어도 보완할 만한 사상은 어떠해야 할까요? 아마도 이 세 가지 전제와는 완전히 다른 전제를 가진 철학이어야 할 것입니다.

**이나모리 철학에 현대 사회철학의 한계를 보완해줄
새로운 관점이 있다**

앞에서 잠시 언급했습니다만, 이나모리 철학이야말로 새로운 사회철학으로 주목할 가치가 있습니다. 지나치게 자세히 설명하진 않겠습니다만, 이나모리 철학은 아리스토텔레스의 사고 체계와 많이 닮았습니다. 두 철학은 모든 인간을 개별적이고 독립된 존재로 보기보다는 다른 사람들과 이루는 관계 속에서 살아가는 존재로 보았습니다. 따라서 다른 사람과 관계를 맺으며 살아가기 위해 무엇을 해야 할지를 생각하고, 그것을 바탕으로 특정 가치를 옹호하고 주장합니다. 이것을 방정식으로 나타내자면 '선한 사고방식'이라는 요소가 되어 첨가됩니다.

물론 이렇게 말하면 앞에서 언급한 자유지상주의나 사회자유주의 사상의 공통된 전제가 마음에 걸리긴 합니다. 이 두 사상의 두 번째 공통 전제인 '특정한 가치를 주장하는 것이 독재의 시작이다'라고 했기 때문입니다. 이와 관련해 의문이 있으신 분들은 제게 질문해주시기 바랍니다. 논리정연하게 반론을 드리겠습니다. 어쨌든 이나모리 철학에서 말하는 특정 가치는 이런 논의를 넘어선다는 것만은 확실히 밝혀두겠습니다.

그럼 이제 세 번째 전제와 관련해서 말씀드리겠습니다. 자유지상주의나 사회자유주의에서는 자신이 원하는 대로 되지 않는 정책은 몇 년 후 선거 같은 과정을 통해 재평가하고 개선합니다. 즉, 몇 년 후 새롭게 정산하는 시스템이지요. 하지만 이나모리 철학의 사고방식을 따르자면 자신이 원하는 대로 되지 않는다고 해서 몇 년 안에 정산하고 새로운 것으로 갈아치우거나 하지는 않습니다. 인생이란 긴 흐름 속에서 여러 가지 어려운 상황을 만난다 해도 그것을 받아들이고 극복해 통과하면서 좋은 결과를 거두고 가장 마지막에 정산하는 것이 이나모리 철학의 사고방식이자 정수입니다. 이것을 방정식으로 나타내면 다음과 같습니다.

일의 결과 = 사고방식 × 열정 × 능력

게다가 이나모리 명예회장님은 나중에 다음과 같이 '일' 앞에 '인생'이란 한마디를 더했습니다.

일과 인생의 결과 = 사고방식 × 열정 × 능력

일의 결과만 두고 보면, 무엇이든 단기간을 전제로 생각하게 됩니다. 하지만 이나모리 철학에서는 일과 인생의 결과를 생각합니다. 저는 이나모리 철학만의 이런 점이 사회철학으로서 새로운 관점을 보여주는 것이라 생각합니다. 그런 만큼 이나모리 철학은 전통적인 사회철학을 충분히 보완해줄 수 있습니다.

히오키: 다카 교수님, 말씀 감사했습니다. 다음으로 미야 교수님의 말씀을 들어보겠습니다.

미야 히로시 교수:
관리회계학의 관점으로 본 아메바경영의 진수

저는 이나모리 명예회장님이 완성한 아메바경영에 대해 저 자신의 전문분야인 관리회계학의 입장에서 이야기하고 싶습니다. 사실 아메바경영에 대해서도 그것을 바라보는 여러 관점이 있습니다. 2년 전 대학원 시절부터 아메바경영 연구를 시작한 이래 제가 주목한 것은 '믿고 맡기는 경영'이었습니다.

이나모리 명예회장님은 교세라, KDDI, JAL에서 훌륭한 경영 능력을 보여주며 멋진 성과를 거두었습니다. 하지만 그 정도로 큰 대기업들의 경영을 이나모리 명예회장님 혼자의 판단으로만 계속해온 것은 아닙니다.

이나모리 명예회장님이 경영자로서 누구보다 뛰어난 점은 일을 믿고 맡기는 방식에 있습니다. 이 방법은 회사를 10명에서 많으면 수십 명으로 이루어진 '아메바'라는 작은 조직으로 나누고, 각각의 리더가 자신의 아메바를 경영하도록 맡기는 것입니다. 이를 위해 필요한 기본 전제는 경영자와 같은 생각으로 판단할 수 있는 리더를 사내에서 많이 길러내는 것입니다.

리더를 육성하려면 우선 경영자의 '필로소피(경영철학)'를 정해 그것을 교육해야 합니다. 하지만 회사 조례 때마다 필로소피를 제창하는 것만으로는 업무 현장에서 구체적으로 어떻게 의사결정을 하고, 어떻게 행동으로 연결하면 좋은지를 알 수는 없습니다. 따라서 믿고 맡기는 경영을 하기 쉬운 구조를 연구해야 합니다. 이와 관련된 중요한 요소가 '관리회계'와 '조직체계'입니다.

저는 필로소피를 관리회계, 조직체계와 훌륭하게 조합시킨 점이야말로 아메바경영이 기존의 경영 방식보다 훨씬 뛰어난 이유라고 생각합니다. 오늘은 그중 아메바경영의 관리 회계에 대해 알아보겠습니다.

내부 관리를 위한 관리 회계는
회사마다 차별화될 수 있다

관리회계라는 것에 익숙하지 않은 분들도 많을 것입니다. 보통 회계하면 가장 먼저 떠오르는 것은 결산을 공개 발표할 때 쓰는 재무제표입니다. 재무회계라고도 하는 이것은 주주나 은행 등 사외 관계자들에게 일정 기간 동안 행해진 활동결과를 보고하기 위한 것입니다. 회사마다 다른 형식으로 서류를 작성하면 비교 평가하기가 어렵기 때문에 법률로 형식을 정해놓았습니다. 재무회계에서는 정확성이 중요합니다. 이것을 일부 조작하거나 고치면 부정회계가 되어 사회적인 문제를 일으키고 맙니다.

한편, 바깥에 보여주는 것이 아니라 내부에서 관리하기 위한 회계를 관리회계라 합니다. 경영자나 관련 직원들이 회계 수치를 사용해 계산하면서 투자를 할 때, A안과 B안 중 어느 쪽이 회사를 성장시키는 데 유리한지 의사결정 하기가 쉬워집니다.

관리회계는 업적관리에도 많은 도움을 줍니다. 업적평가와 연동시켜 이번 회기의 매출 목표와 비용 절감 목표를 정하면 직원들은 모두 이 목표를 이루려고 노력하게 됩니다. 이때 관리회계는 사내에서 돌려보는 것이기 때문에 법률적인 제한을 받지 않습니다. 자신들에게 유익하고 유용한 방향으로 자유롭게 바꾸어도 좋습니다.

예를 들어 매달 수치 자료를 모아 통계를 내려면 시간이 아주 많이 걸립니다. 그렇게 되면 '이것이다' 하고 의사결정을 재빨리 내리지 못한 채 적절한 때를 놓칠 수 있습니다. 관리회계에선 정확성을 다소 희생해서라도 적시성, 즉 속도를 중시합니다. 관리회계는 회사마다 다른 형식을 취할 수 있고 관리회계의 차이가 기업의 능력 차이가 됩니다.

누구든 간단히 사용할 수 있는
아메바경영의 관리회계

아메바경영의 관리회계 특징은 믿고 맡기는 경영이 쉬워지도록 만드는 구조입니다. 이 자리에 계신 분들 중에 부기 공부를 했거나 지금 하고 있는 경우가 있을 겁니다. 보통 회계라 하면 왠지 복잡하고 어렵다는 인상을 지우기 힘들지 않습니까? 전형적인 미국 기업에서는 관리회계는 MBA를 딴 극히 우수한 인재들이나 최고위층 경영진들만 다루는 도구로 인식되고 있습니다.

그렇다 보니 경영과 회계 교육을 받지 않은 현장 사람들은 회계가 어려워 활용은 생각도 못 하게 됩니다. 이런 사람들에겐 회계 정보를 주어도 의미가 없습니다. 즉 현장 사람들에게 복잡한 회계장부를 들이미는 것은 "당신은 의사결정을 하지 않아도 좋습니다. 위에서 결정한 대로 해주세요"라고 하는 것이나 마찬가지입니다.

이에 비해 아메바경영에선 전 직원이 경영과 회계의 주역입니다. 이나모리 명예회장님은 자주 자신의 머리카락에 훅하고 바람을 날리면 이것들이 흩어져 자신의 분신이 된다는 비유를 합니다. 이 분신들이 회사의 여러 사업과 프로젝트를 추진하는 팀과 공장 등에서 리더가 되어 이나모리 회장님 대신 경영에 필요한 의사결정을 하게 됩니다. 현실적으로 아메바경영에선 모든 현장에서 일하는 작업자도 이런 리더들에 포함됩니다. 다시 말하면, 현장에서 발로 뛰는 사람들도 쉽게 이해하고 활용할 관리회계가 필요하다는 의미입니다.

이나모리 명예회장님 자신도 가고시마대학교 공학부를 졸업한 엔지니어로, 회계학 공부는 전혀 한 적이 없습니다. 그래서 누구라도 사용할 수 있는 관리회계법은 없을까 하고 찾아보셨고, 그런 것은 어디에도 없다는 것을 알게 되셨습니다. 보통 사람이라면 이 정도에서 실망하고 포기했겠지만, 이나모리 회장님은 현장에서 리더를 키워 믿고 맡기려면 누구라도 쉽게 기록하고 이해할 수 있는 관리회계 체계가 필요하다고 생각했습니다. 그래서 만들어낸 것이 오늘날 아메바경영의 기초가 되는 관리회계법입니다.

이 새로운 방법은 아주 단순하고 쉬워 마치 가계부와도 비슷합니다. 보통 가정주부들은 부기 공부를 따로 하지 않는데, 누구나 마음만 먹으면 가계부를 써서 가정 경제를 관리할 수 있습니다. 그것은 가계부를 기록하는 방법이 단순하면서도 수입과 지출 두 항목을 비교해 가정 경제의 흐름을 한눈에 파악할 수 있도록 해주기 때문입니다.

예를 들어 맥주를 30병 사서 20병 마시고 10병 남았다고 합시다. 일반적인 회계 방법에 따르면, 이번 달 비용 지출은 20병의 가격뿐이고, 나머지 10병은 재고자산으로 보유하게 됩니다. 이렇게 되면 지출에 대한 계산 절차가 꽤 복잡해집니다. 하지만 가계부는 다릅니다. 맥주를 30병 샀다면, 그것을 다 마셨든 절반은 냉장고에 넣어두었든 맥주에 대한 이번 달 비용 지출은 30병 가격 전체입니다. 대신 마시지 않고 남은 것이 있다면, "다음 달에는 맥주를 많이 사지 않아도 좋으니까 맥주 비용은 내려가겠네" 하고 계획을 세울 수 있습니다. 어쨌든 계산과정은 아주 간단해졌습니다.

이나모리 명예회장님의 훌륭한 점은 가정에서 사용하는 가계부 기록법을 회사 안으로 들여왔다는 점입니다. 현재 교세라에서는 고위 경영진이나 회계부서 사원 이외에 현장 직원들도 이 가계부식 회계를 바탕으로 의사결정을 하고 있습니다. 누구라도 간단히 쓸 수 있고 단순하고 이해하기 쉬운 이런 관리회계 방법은 회계 현장에선 아주 큰 혁명이었습니다.

바쁜 하루가 저물기 전에 결산하는
아메바경영의 일차 결산

그럼 지금부터는 일차日次 결산에 대해 이야기하려 합니다. 많은 회사가 부서별 회계 수치를 한 달에 한 번씩 월말에 집계합니다. 예를 들어 9월의 월차月次 결산을 월말에 시작하면 보통 열흘 정도 걸려 10월 10일경에 끝납니다. 그 후 회의가 열려 "지난달 월차 결산 결과 매출 실적은 목표대로 플러스마이너스 제로다"라는 발표가 있었다고 합시다.

넘치지도 모자라지도 않는다니 문제가 없는 것처럼 보입니다. 하지만 결산자료를 매일 단위로 들여다보면 사정이 달라집니다. 첫날이 플러스 10만 엔, 이틀째가 마이너스 10만 엔, 사흘째는 다시 플러스 10만 엔, 이런 식으로 반복되었기 때문입니다.

한 달 전체를 뭉뚱그려보면 손해도 이익도 없었지만, 사실 결산 결과가 플러스인 날에는 플러스인 이유가 있고, 마이너스인 날에는 마이너스인 이유가 있는 법입니다. 그런데 한 달 뭉뚱그려 결산하면 더하기와 빼기를 반복하는 가운데 서로 상쇄되어 어디에 문제가 있는지를 알 수 없게 됩니다. 전문가가 아니라면 제대로 이해하기 어려운 결산이라 할 수 있습니다.

아메바경영에선 이런 월차 결산의 문제를 극복하고자 일차 결산을 하고 있습니다. 전날 결과를 다음 날 경영에 바로 반영할 수 있게 된 것이지요. 즉, '오늘은 마이너스구나. 어디에 문제가 있을까?'라고 되묻게 됩니다. 이때 어제 작업한 기억이 생생하기 때문에 '기계 조작이 잘못되었어' 혹은 '고객을 상대로 세일즈하는 방법이 서툴렀어' 하며 잘못을 찾아내기도 쉽습니다.

잘못을 찾아낸 다음엔 그것을 바로잡으면 됩니다. 이를 위해 같은 아메바에 속한 구성원들 모두가 달려들어 지혜를 짜내면 어느새 해결책이 나옵니다. 하지만 이 해결책도 탁상공론에 지나지 않습니다. 아직은 이 대책이 효과가 있을지 없을지 알 수가 없습니다. 일단은 다음날 하루 이 개선책을 시도해 봅니다. 실험해본다는 표현이 더 어울릴 수도 있겠네요. 그런데 그날 일차 결산을 내보니 그 결과가 또 마이너스였습니다.

즉, 첫째 날 방법도 틀렸고, 둘째 날 방법도 틀렸다는 것입니다. 그러면 3일째엔 또 다른 방법을 시도해야 합니다. 그런데 드디어 3일째의 결산 결과가 플러스로 돌아섰습니다. 드디어 실험이 성공해 해결책을 찾은 것입니다. 이 해결책을 따라 월말까지 작업을 진행하면 플러스가 계속 쌓여 큰 이익을 남기게 될 것입니다.

앞에서 먼저 예로 들었던 상황은 월 1회 결산을 했더니 플러스와 마이너스가 서로 상쇄되어 아무것도 보이지 않는 가운데 문제의 해결책도 찾기 어려운 상황이었습니다.

하지만 하루하루 나누어 일차 결산을 해보니 문제를 쉽게 발견할 수 있었습니다. 그리고 그에 맞는 대책을 찾아내 실험해 본 뒤 마침내 아주 정확한 해결책을 찾을 수 있었습니다. 이런 하루하루가 뒷받침된다면 현장 직원들도 자신의 분야에서 정확한 의사결정을 내릴 수 있게 됩니다.

29년 전 가고시마의 한 공장에 속한 아메바 리더가 "바쁜 하루가 저물기 전에 반성하지 않으면 제대로 뿌리내리며 성장할 수 없습니다"라고 가르쳐주었습니다. 이처럼 아메바경영에선 관리회계의 전문가가 아닌 현장 직원들도 자신의 힘으로 의사결정을 하고 실행해 전체 조직의 효율을 높일 수 있습니다.

전문가가 아니라도 무리가 없다

다시 한번 정리하자면 이나모리 명예회장님은 기업 회계가 아닌 가계부의 형식을 빌리든 기존의 월차 결산 방식이 아닌 일차 결산 방식을 따르든 개의치 않고 '믿고 맡길 수 있는 경영'에 도움이 될 방식을 택했습니다. 그것은 회계 전문가가 아닌 현장 직원들도 무리하지 않고 쓸 수 있는 관리회계 방식이었습니다. 관리회계 연구자인 저에겐 아주 흥미로운 부분입니다.

보통 기업에선 한 달에 한 번씩 월차 결산보고를 하며 업적 검토 회의를 합니다. 말 그대로 업적이 호조인지 아닌지를 수치 자료를 통해 알아보고, 만일 상태가 좋지 않으면 어떻게 대응해야 할지 검토하는 것입니다. 저는 JAL과 일본에어커뮤터(JAL 계열사이며 가고시마공항을 허브로 프로펠러 항공기를 운항하고 있다-옮긴이)의 월차 결산 보고에 참석했던 적이 몇 번 있습니다.

인상적이었던 것은 회의 첫머리에 사회자가 "이 회의는 리더가 갖춰야 할 자세를 배우는 시간입니다"라고 말한 부분입니다. 보통 인재 육성과 교육은 인사부에서 해야 할 일입니다. 그런데 이런 업적 검토 회의와 관리회계까지 사원 육성과 교육에 사용하는 것은 아마도 교세라와 JAL밖에 없을 것입니다.

지금까지 저는 아메바경영의 관리회계에 초점을 맞추어 이야기했습니다. 특히 강조하고 싶었던 것은 이나모리 명예회장님의 철학은 철학자가 아닌 경영자가 만든 것이라는 점입니다. 게다가 경영현장에서 실제로 사용되는 '필로소피 인 프랙티스 philosophy in practice'라는 점을 높이 평가하고 싶습니다. 이를 제대로 이해하기 위해선 역시 경영의 문맥, 즉 어떤 상황에서 누가 어떻게 사용하고 있는가를 이해해야만 합니다. 그런 점에서 제 발표가 조금이라도 아메바 경영을 이해하는 데 도움이 제공이 되었다면 좋겠습니다.

히오키: 대단히 감사합니다. 그럼 세 번째 발표자인 아오야마 교수님을 모셔보겠습니다.

아오야먀 아쓰시 교수:
이나모리 경영철학 연구센터란?

리쓰메이칸대학교 이나모리 경영철학 연구센터의 아오야마라고 합니다. 이나모리 경영철학 연구센터는 리쓰메이칸대학교와 리쓰메이칸고등학교, 중학교, 초등학교가 모두 속한 리쓰메이칸학원 전체의 연구 단체입니다. 이 자리를 빌려 이 센터가 어떤 곳인지 소개하려 합니다.

우선 이나모리 경영철학 연구센터에는 두 가지 큰 특징이 있습니다. 첫 번째 특징은, 명확한 사명입니다. 앞에서 다카 교수님도 현대 사회의 문제점으로 빈부격차 확대, 국제적인 분쟁, 국내의 치안 악화 등을 꼽으셨는데, 저 역시 그런 위기감을 느끼고 있습니다. 이처럼 현대 사회가 위기에 처했다는 인식 아래, 다카 교수님도 말씀하셨듯이 새로운 사회철학을 기초로 '좋은 사회'를 만드는 방법을 고민하게 되었습니다.

더불어 이나모리 명예회장님의 '필로소피'가 그런 새로운 사회철학이 될 수 있겠다는 생각도 하게 되었습니다. 지금은 이런 생각을 기초로 이나모리 경영철학을 일반화하고 보편화하는 연구를 하고 있습니다.

두 번째 특징은, 실제로 연구와 교육을 통해 사회를 움직이려는 목표를 세우고 있다는 것입니다. 단순히 연구에만 머물지 않고 이나모리 경영철학을 기초로 한 사회를 실현하고자 하는 것이지요.

이를 위해 이나모리 경영철학을 기초로 한 새로운 경영, 교육, 사회는 어떤 것이어야 하는지, 그것을 실제 제도로 실현하려면 어떻게 해야 하는지, 또 어떤 제도가 되어야 하는 것인지를 연구하고 있습니다.

나아가 그런 노력을 통해 새롭게 만들어질 사회를 지지해줄 인재를 육성하고 싶다는 생각도 하고 있습니다. 연구만이 아니라 연구를 넘어 이나모리 경영철학을 기초로 하는 사회를 실현하고 싶습니다. 이상이 간략히 알아본 저희 연구센터의 특징이었습니다.

저희는 세 가지 방향성으로 연구에 임하고 있습니다. 첫 번째는 이나모리 명예회장님의 경영철학과 기업경영, 두 번째는 사회철학이라는 관점과 시장경제, 세 번째는 기본적이고 근본적인 인생철학을 바탕으로 한 삶과 사고방식입니다. 이 세 가지 방향에서 연구를 지속하는 것이 이나모리 경영철학 연구센터의 방침입니다.

실제 연구 현장에선 우리 연구원들이 중요하다고 생각되는 테마를 선정해 연구센터 주도로 다양한 프로젝트를 실행하고 있습니다.

또 한 가지 우리가 중요하게 생각하는 것은 철학을 기반으로 하는 사회 및 교육을 국내에만 머물러선 안 된다는 사실입니다. 사회적인 문제는 세계 어디에나 있기 때문입니다. 따라서 이나모리 경영철학을 기초로 한 여러 가지 연구성과들이 국제적 인정을 받도록 하고 노력하고 있습니다. 이를 위해 해외 연구자들과 연대하는 프로젝트를 추진하고 있으며, 뉴캐슬대학교나 케이스웨스턴대학교와 협력하여 연구하고 있습니다.

이런 다양한 연구 성과들을 바탕으로 교육 프로그램을 개발해 실천에 옮기는 것이 이나모리 경영철학 연구센터의 기본적인 방침입니다.

**연구에 따라 사회가 움직이려면 보편화와 일반화,
그리고 교육이 필수다**

다음으로, 어떤 식으로 전체적인 연구를 진행해 사회를 움직이는 수준으로까지 발전시킬지에 대해 말씀드리겠습니다.

우선은 이나모리 경영학 연구에 필요한 지식을 잘 모아서 정리해야 합니다. 그리고 그것을 바탕으로 경영학, 경제학, 심리학, 철학, 뇌과학이라는 다양한 분야를 연구해갑니다. 그리고 앞에서 이나모리 명예 회장님이 말씀하셨듯이 치안 악화와 빈부격차 확대 같은 사회악이 생겨나는 배경에는 바르지 않은 '생각'이 있습니다. 우리 센터에서는 이런 생각이 왜 나타났고, 무엇이 나쁜지를 해명해보려 합니다.

사람이 마음 깊은 곳에 늘 어떤 생각을 품으면 그에 걸맞은 인간성이 만들어지는 법입니다. 우리 연구센터에서는 생각과 인간성의 관계를 명백하게 밝혀나가고 있습니다. 이를 위해선 이나모리 명예 회장님의 철학을 더욱 깊이 있게 이해해야 합니다. 그런 이해를 기초로 이나모리 경영철학을 보편화하고 일반화할 수 있습니다.

이나모리 경영철학을 기초로 한 사회, 교육, 제도가 어떤 것이어야 하는지에 대해선 시장경제, 기업경제, 삶의 방식 및 사고방식이라는 세 가지 방향으로 연구하고 있습니다.

이를 실현하기 위해 '이타심'으로 충만하고 '족함을 아는' 사람들을 양성하는 교육 프로그램도 갖추어야 합니다. 이런 교육을 받은 사람들이 앞으로 찾아올 새로운 세상을 지지해줄 것입니다. 이 프로그램은 대학이나 대학원 같은 고등교육기관만이 아니라 초·중등학교에서도 학생들의 학년 수준에 맞게 실시해야 합니다.

그럼 지금부터는 이나모리 경영철학 연구센터가 하는 일에 대해 구체적으로 이야기하려 합니다. 우선 어떤 연구를 어떤 식으로 하고 있는지부터 말씀드리겠습니다.

기업과 관련해선 교세라, JAL, KDDI, 그리고 이나모리 경영 학교의 회원 기업들을 살펴보려 합니다. 이나모리 경영철학을 기초로 하는 이 기업들의 경영이 왜 강한지, 왜 직원들을 행복하게 만들면서 계속 이익을 남기는지, 혹은 그렇게 되기 위해 어떤 식으로 이념을 침투시키고 생각을 공유하는지 연구하고 있습니다.

이나모리 경영학은 일본 고유의 윤리관에 뿌리내린 것입니다. 따라서 이것을 국제적으로 전파하려면 가치관과 윤리관이 전혀 다른 지역에서도 자리 잡기 위한 노력이 필요합니다. 우리 연구센터에선 과연 어떤 노력이 필요하고, 그 가능성은 어느 정도인지를 연구하고 있습니다.

두 번째는 여기에서 더 나아가 현대문명의 위기를 극복하는 이나모리 경영학이 어떤 도움을 줄 수 있는지에 대한 연구입니다.

이 연구는 '착한 생각'이 아닌 '나쁜 생각'에 뿌리내린 현재의 글로벌화된 경제활동과 신자유주의의 한계와 결함을 밝혀내기 위한 것입니다. 지나친 이기주의를 억제해 경쟁에 의한 활성화와 이타심이 서로 공존할 수 있는 시장 및 금융이 가능한 경제 구조를 제시하려는 것입니다.

오늘도 "어떻게 하면 이타심을 기를 수 있을까요?"란 질문이 있었습니다만, 이타심을 뇌과학과 신경과학의 관점에서 분석하는 연구를 모색하고 있습니다.

세 번째는 특정한 가치관 정립과 관련된 문제입니다. 앞에서 다카 교수님도 말씀하셨습니다만, 원래 자본주의와 가치관, 도덕관은 서로 밀접하게 관련 있습니다. 따라서 이나모리 경영철학 연구센터에서도 '선한 생각'과 '선한 가치관'이란 무엇인지를 철학적인 관점에서 탐구하고 있습니다.

마지막으로 살펴볼 것은 삶의 방식과 사고방식입니다. 이 부분에선 이나모리 명예회장님의 철학을 다른 철학과 비교해 그 관련성을 분명히 밝히고 본질을 알아내 여러분에게 널리 알리고 싶다는 생각을 하고 있습니다.

이나모리 경영철학 연구센터에선 연구뿐 아니라 교육이나 인재 양성에도 힘쓰고 있습니다. 그중에서 특히 중요시하는 것은 교재 개발입니다. 그런데 아무리 교재가 훌륭해도 이를 가르치는 교사가 이나모리 경영학을 제대로 이해하지 않으면 소용없습니다. 따라서 교사 여러분의 이해를 돕는 프로그램을 실시하고 있습니다. 현재는 리쓰메이칸대학교와 부속 초·중등학교를 중심으로 이나모리 철학을 기초로 한 교육을 시범적으로 시행하고 있으며, 다른 학교로 확대해나가기 위한 노력도 진행 중입니다. 그 외에 이나모리 명예회장님이 강조하는 이타심 같은 추상적인 개념을 어린이들이 쉽게 이해할 수 있도록 도와주는 작업도 하고 있습니다.

우선 리쓰메이칸초등학교의 도덕 수업을 중심으로 다른 사람을 배려하는 마음을 기르기 위한 교재를 개발해 사용하고 있습니다. 그리고 기존 학급 중심 활동을 보다 내용이 충실한 '아메바 중심 활동'으로 바꾸고, 인격 형성에 중요한 시기인 유년기 어린이들을 위한 교육 프로그램도 개발하고 있습니다.

한편 중학생들을 위해서는 '이나모리 명예회장의 인생에서 배우는 리질리언스 교육'을 시행하고 있습니다. 리질리언스 교육이란 인생에서 만나는 여러 가지 역경을 극복하고 다시 활기차게 발전해나갈 수 있는 강인함과 회복력을 길러주기 위한 것입니다.

이나모리 명예회장님도 어린 시절 많은 실패를 맛보았습니다. 중학교 입시와 대학 입시에 떨어졌고 취업에도 몇 번이나 실패한 끝에 원하지 않는 회사에 겨우 들어갔습니다. 하지만 그런 어려움을 겪을 때마다 좌절하지 않고 극복하면서 역경이 닥쳤을 때에는 어떻게 살아가야 하는지를 배울 수 있었습니다.

마지막으로 고등학생들을 위해선 JAL 개혁을 바탕으로 사람들이 일하는 현장을 살펴보며 '일한다'는 것의 의미를 생각해보는 과정을 마련했습니다.

4명의 교수가 각각 생각하는 '이타심'

히오키: 그러면 마지막으로 이나모리 명예회장님의 기조강연에도 있었던 키워드, '이타심'에 대해 좀 더 자세히 알아보겠습니다. 먼저 다카 교수님, 부탁드립니다.

다카: 이 자리에 계신 여러분들도 이미 다 알고 있듯 인생·일의 결과를 나타내는 방정식은 다음과 같고, 사고방식이라는 변수가 들어 있습니다.

　　인생·일의 결과 = 사고방식 × 열정 × 능력

　이나모리 명예회장님은 이 방정식에서 열정이나 능력을 1부터 100까지의 값으로 나타냈습니다. 저는 이것을 이해하기 쉽게 1에서 10까지의 값으로 나타내볼까 합니다. 열정의 폭도 1에서 10까지이고, 능력의 폭도 1에서 10까지입니다.
　그러므로 설령 능력이 1이라 하더라도 열정이 10이면 곱셈이 되어 결과는 능력에 비해 훨씬 좋아집니다. 이때 사고방식에 대해서는 플러스 값을 가지는 선한 사고방식과 마이너스 값을 가지는 나쁜 사고방식으로 나누어볼 수 있습니다. 아무리 열정과 능력이 뛰어나도 사고방식이 마이너스 값을 가지면 일이나 인생의 결과는 큰 손해를 보게 됩니다. 하지만 플러스 값을 가지는 선한 사고방식이 곱해지면 큰 수익을 올리게 됩니다. 이때 선한 사고방식이란 좋은 발상과 이타적인 배려라 할 수 있습니다. 이 점만은 분명히 말씀드려두고 싶습니다.

히오키: 그럼 이번엔 미야 교수님, 부탁드립니다.

미야: 이나모리 철학에서 무엇보다 중요한 것이 이타심입니다. 따라서 '교세라 필로소피'와 '관리회계: 시간당 채산'의 관계를 이타심에 비추어 생각해보겠습니다.

보통 큰 공장 직원들은 힘을 모아 비용을 낮추려 노력하며, '저 공장의 비용은 얼마일까?' 하고 궁금해합니다. 한편 아메바경영에선 조직을 아메바라는 작은 단위들로 나눕니다. 이때 하나의 조직은 하나의 프로핏센터가 되어 이익 확보에 대해 책임과 권한을 가집니다. 같은 회사에 속한 아메바끼리도 매매를 하며 이익을 남기게 되지요. 즉 하나의 큰 회사 속에 많은 작은 가내수공업형 공장들이 들어가 서로 선의의 경쟁을 하며 살아가는 셈입니다.

각 아메바는 자신이 추진하는 공정이 비용을 상쇄하고 이익을 남기도록 전력을 다합니다. 지금까지는 하나하나의 업적에 대한 수치가 집계되지 않았지만, 각각의 아메바에 대한 관리회계를 실시하면 그것이 명확하게 드러납니다. 이렇게 되면 아메바들끼리 서로의 수치 자료에 신경 쓰며 경쟁을 하게 됩니다. 모두 최선을 다해 비용을 줄이고 수익을 올려 자신이 속한 아메바가 이길 수 있도록 노력하게 됩니다. 그런데 이때 저지르기 쉬운 잘못은 다른 사람이나 조직에 해를 끼쳐서라도 자신의 실적을 올리는 것입니다. 자신이 속한 조직의 경영 상태를 최고로 끌어올리려는 이런 행위를 부문 최적이라고도 합니다.

저는 사실 아메바경영이 아주 강력한 자동차의 엔진과 같다고 생각합니다. 아메바경영은 다른 어떤 업적 관리 시스템보다도 이익을 쉽게 낼 수 있는 아주 강력한 엔진입니다. 하지만 엔진을 가진 자동차에 반드시 붙어 있는 것이 브레이크입니다. 아무리 뛰어난 엔진을 가진 자동차라도 브레이크가 없으면 제멋대로 달리다가 언젠가 코너에 처박히고 맙니다. 일단 이런 사고가 일어나면 아무리 엔진이 좋아도 멈출 수밖에 없습니다.

리더가 결정권을 가지고 아메바를 운영하다 보면 다른 아메바에게 지지 않기 위해 전력을 다합니다. 이때 다른 아메바에게 해를 끼쳐서라도 자신의 업적을 쌓으려는 유혹에 빠질 수도 있습니다. 이때 '유혹에 빠져선 안 돼요' 하면서 브레이크 역할을 하는 것이 바로 이나모리 필로소피가 강조하는 이타심입니다.

예를 들어 JAL의 각 부문이 일하는 모습을 들여다보면, 왜 이를 '최고의 배턴 터치'라고 부르는지 이해가 됩니다. 조종사가 비행기를 몰아 공항으로 들어오면, 공항 관리 부문의 사람들이 비행기가 안전하게 착륙하도록 도와줍니다. 그러면 이번에는 정비부서 직원들이 그 비행기가 다시 날 수 있도록 전력을 다합니다. 모두 각자의 부문에서 최선을 다하지만 그 밑바탕에는 고객을 안전하게 이동시켜 수익을 내겠다는 하나의 공동 목표가 있습니다.

업적을 꼼꼼하게 평가하는 관리회계가 성과주의와 결합하면, 각 부문의 최적화는 빠르게 이루어집니다. 하지만 이타심이 추구하는 것은 자기 부서만의 성공, 즉 단순한 부문 최적화가 아닙니다. 필요할 때는 멈추면서 전체 최적화를 향해 지혜롭게 달리도록 돕는 브레이크 역할입니다.

히오키: 그럼 이번엔 아오야마 교수님, 부탁드립니다.

아오야마: 제 생각엔 이타심이 무엇인지보다 더 중요한 것은 이타심을 실천할 수 있는 사람을 길러내는 것이 아닐까 싶습니다. 저는 2주 전 옥스퍼드대학교를 방문했습니다. 옥스퍼드 쪽에서 이나모리재단에 협력하고 싶다고 전해왔기 때문입니다.

그들은 교토상(1984년에 이나모리재단이 설립한 국제적인 상. 첨단기술 부문, 기초과학 부문, 사상예술 부문에서 수상자를 선정한다.-옮긴이) 수상기념 강연을 옥스퍼드대학교에서 개최하고 싶어 했습니다. 그래서 제가 옥스퍼드대학교가 왜 교토상에 관심을 가지고 협력하고 싶어 하는지 물었습니다. 그러자 노벨상은 업적에 주목하지만, 교토상은 업적뿐만 아니라 인간성까지 고려해 수상자를 선정하기 때문이라고 했습니다. 옥스퍼드대학교에서 교토상의 뛰어난 점을 제대로 파악했다고 봅니다. 그들이 말한 대로 교토상 수상자들은 과학이나 예술 분야의 리더이면서 이타적인 인품을 갖춘 사람들입니다.

그래서 이나모리 경영학 연구센터는 이타적 인품을 지닌 훌륭한 이들로부터 직접 가르침을 받을 기회를 더 많은 사람들에게 제공하려고 노력중입니다. 전 이런 사업이야말로 정말 중요한 일이라고 생각합니다.

히오키: 말씀 감사합니다. 저는 '이타'라는 개념을 조금 더 부풀려서 폭넓게 바라보고 싶습니다. 예를 들어 투자란 것은 어찌 되었든 이기적이라 보기 쉽지만, 사실 자본주의가 출발했던 18세기와 19세기 자체가 이타적인 시대였습니다. 그 시기에는 금융상품이 주식이나 국채 정도뿐이어서 대부분 그런 것에 투자했습니다만, 사실 당시 국채는 전쟁 자금을 조달하기 위한 것입니다. 그러다 보니 전쟁에 지면 국채 가격은 형편없이 떨어지고 말았죠. 그럼에도 국채에 투자하는 것은 어느 정도 국가를 응원하고 사회참여를 하겠다는 의미입니다. 아주 이타적인 행동이라 할 수 있지요.

주식회사도 마찬가지입니다. 초기에 주식을 사는 사람들은 특정 회사의 자금이 돌아가도록 도움을 주면서 사업에 동참하고 싶다는 동기를 가지고 있었습니다. 어느 정도 이타적인 행위였습니다. 하지만 오늘날 주식 투자자들은 특정 회사를 돕고 싶다는 마음을 전혀 가지지 않습니다. 오직 주식을 팔았을 때 취할 이익에만 관심이 있을 뿐입니다.

하지만 다시 한번 초심으로 돌아가는 것은 어떨까요? 제도적으로 지금은 금융상품이 넘쳐나 수치상 오르내림에 지나지 않는 것에 투자하는 모양새가 되고 있습니다. 금전적인 이익만 추구하는 아주 이기적인 행위라고밖에 말하기 어려운 상황이지요. 하지만 제도적으로 자본주의 초기의 이타적인 투자를 부활시킬 수는 없을까요? 거꾸로 말하자면, 이타적인 투자를 부활시키는 것이 어느 정도 사회제도적인 문제와 관련 있다고 볼 수 있겠지요.

또 한 가지 말씀드리고 싶은 것은 원래 주식회사를 세우는 것 자체가 사회에 필요한 사업을 제공한다는 사실입니다. 사업은 사람들이 필요로 하는 물건이나 서비스를 판매하는 이타적인 일이고, 그렇게 함으로써 기업가 자신도 이익을 얻게 됩니다. 즉, 사회적으로 바람직한 일을 한 결과, 기업가 자신도 이익을 얻는 구조가 되어야 이상적인 자본주의라 할 수 있겠습니다.

그런데 실제로 오늘날의 자본주의는 전혀 그렇지 못합니다. 왜 그럴까요? 이야기는 간단합니다. 상품을 만들어 팔지 않아도 돈을 벌 수 있기 때문입니다. 파생상품이라는 수많은 금융상품에 투자하면 제품을 생산하고 판매하느라 애를 쓸 필요가 없습니다. 권리를 팔거나 다른 우회로를 이용해서 돈을 벌 수 있습니다. 때문에 현재 회사를 세우는 사람 중에는 한때 일본 사회를 떠들썩하게 했던 힐스족(일본 IT 및 금융 산업의 발전과 함께 새로운 부유층으로 성장한 사람들을 가리키는 말. 주로 도쿄 롯폰기힐스에 거주하거나 근무하는 이들 중 몇몇 기업가들은 대규모 주가조작과 분식회계로 사회 문제를 일으켰다-옮긴이)처럼 기업 상장을 통해 막대한 돈을 손에 넣는 데만 급급한 사람들도 있습니다.

이제 그런 이기적인 태도를 버리고 사회에 도움이 되는 사업을 추구하도록 이끄는 사회구조에 대해 다시 한번 생각해야 할 때입니다. 자본주의의 이타적인 출발점으로 돌아가야 할 때가 아닌가 합니다.

바로 그런 의미에서 굳이 세 분 교수님을 청해 '이타'에 대한 말씀을 들어보았습니다. 각각 전공 분야에 따라 내용은 조금씩 달랐지만 결국 도달한 지점은 같았습니다. 여러 길로 돌아서 왔지만, 마지막에는 기업이 취해야 할 건전한 태도를 어떻게 회복해갈 것인지로 수렴했습니다. 그리고 이것이 바로 이나모리 필로소피의 뿌리라는 생각이 들었습니다. 그런 의미에서 여기 이곳, 가고시마대학교의 이나모리 아카데미가 앞으로 그에 대한 다양한 연구를 계속해나가길 바랍니다.

• 이 장은 2016년 9월 30일 '제4회 이나모리 심포지엄'을 바탕으로 재구성했습니다.

끝맺는 말
가고시마대학교 이나모리 아카데미의 도전

이 책을 출판하게 된 직접적인 계기는 2016년 9월에 열린 이나모리 아카데미 심포지엄에서 가고시마대학교의 대학생, 대학원생, 유학생들이 이나모리 명예회장과 직접 대화를 주고받게 된 일입니다. 이날 기조강연의 테마는 이 책의 제1장과 같이 '지금 그대들에게 전하고 싶은 말'입니다. 심포지엄에 참가한 학생들은 60년이나 앞서 모교를 다닌 대선배이자 가고시마대학교 최초 명예박사인 이나모리 가즈오 명예회장의 열정적인 강연에 진지하게 귀를 기울였습니다.

이나모리 명예회장은 마음에 품은 '생각'의 위대한 힘과 그것을 반드시 이루겠다는 강한 소망이 신념으로까지 발전해야 한다는 점을 학생들에게 간절히 전했습니다. 그리고 사회에 나와 60여 년이 지난 지금까지도 필사적인 노력을 해왔다는 것을 강조했습니다.

교세라를 창업하고 세계적인 기업으로 성장시키는 과정이 마음에 품은 생각에서 비롯되었다는 것, 국민을 위한 순수한 생각에서 KDDI를 설립한 것, 고민하고 고민한 끝에 '세 가지 대의'를 마음에 새기고 JAL 재건을 맡아 3년도 지나지 않아 성공시킨 것, 이 모든 이야기에 학생들은 빨려들 듯 귀를 기울이며 열중했습니다.

이날 예정된 시간을 훨씬 지나서까지 학생들과 질의응답이 이어졌습니다. 질문자 다섯 중 마지막으로 질문한 학생에게 이나모리 명예회장은 특별히 "그것은 자네가 알아서 하는 수밖에 도리가 없지 않은가? 지금 내 옆에 있다면 엉덩이라도 두드리며 '자네 바본가?'라고 야단치고 싶구만" 하고 애정 어린 미소를 띠며 대답해 강연장 전체에 웃음이 번지기도 했습니다. 후배인 어린 학생들을 아끼는 이나모리 명예회장의 마음이 느껴졌던 보기 드문 시간이었습니다.

이나모리 명예회장은 이전부터 가고시마대학교 이나모리 회관에서 학생들을 상대로 종종 강연을 했습니다. 이 책에는 과거의 몇몇 강연들과 그때 학생들과 주고받은 질의응답이 실려 있습니다. 이나모리 명예회장이 청년들에게 전해주고 싶은 말이 고스란히 새겨져 있다고 볼 수 있습니다.

2017년 3월 가고시마대학교 '진취의 기풍 광장'에 이 대학의 이케가와 스나오 교수가 제작한 이나모리 명예박사상이 세워졌습니다. 가고시마대학교의 이나모리 회관이나 이나모리 아카데미가 학술과 교육의 거점이라면, 명예박사상은 진취적인 이나모리 정신의 상징이라 할 수 있습니다.

앞으로 많은 학생, 교직원, 때로는 시민들이 진취의 기풍 광장에 서 있는 조각상을 마주하며 이나모리 가즈오 명예회장이 마음에 품은 생각을 접할 수 있기를 바랍니다. 이 동상 앞의 명문에는 다음과 같은 글귀가 새겨져 있습니다.

> 어떤 역경을 만나도
> 아무리 모진 환경에 처해도
> 좌절하지 않고
> 항상 밝은 희망을 품고
> 견실한 노력으로 한 걸음 한 걸음 쉼 없이 걸어가면
> 마음속에 그린 꿈은
> 반드시 이루어진다.

이나모리 아카데미는 가고시마대학교가 자랑하는 위대한 선배 이나모리 가즈오의 철학과 경영학이 어우러진 '이나모리 필로소피'를 기초로 교육 연구, 사회연대, 지역공헌에 힘쓰고 있습니다.

이나모리 필로소피는 조직을 움직이는 경영철학이자 개인과 사회를 움직이는 사회철학이기도 합니다. 이에 대한 학술적 연구와 그것을 기반으로 한 교육 및 사회공헌은 '진취정신의 함양'이라는 가고시마대학교의 기본 이념과 맥을 같이 하고 있습니다.

가고시마대학교 학생들을 위해 공통교양과목을 개설하고, 교토상 수상자의 가고시마 강연회에 이어서 '가고시마 콜로키움'도 개최하고 있습니다. 그리고 외부인을 위한 프로그램으로 '이나모리 경영학'이라는 학점 인정 강좌를 개설하고 있습니다. 또, 가고시마대학교 학생들과 외부인들이 모두 참여할 수 있는 이나모리 아카데미 심포지엄 개최 사업도 하고 있습니다.

2017년부터 이나모리 아카데미는 '인간교육' '경영교육' '지역·국제 연대'라는 세 개 부문에 부문장을 맡을 교원을 배치하고, 여기에 특임 전문 교수와 객원 교수를 더하는 체제를 갖추었습니다. 그리고 이들을 중심으로 이나모리 아카데미·프로젝트 연구, 국내 체험학습 및 해외 연수, 고교생 대상 프로그램 개설 등을 계획하게 되었습니다. 각 부문은 교세라 주식회사, 공익재단법인 이나모리재단, 리쓰메이칸 대학교 이나모리 경영철학 연구센터, 가고시마 이나모리 경영학교, 그리고 가고시마현 및 관계 기관의 지원과 협력 속에서 이나모리 아카데미의 도전에 성실히 응하고 있습니다.

가고시마대학교 이나모리아카데미 원장
다케쿠마 아키라

마음이 모여 운명이 된다

2025년 6월 25일 초판 1쇄 발행

지은이 이나모리 가즈오 **옮긴이** 유윤한
펴낸이 이원주

책임편집 고정용, 이채은 **디자인** 진미나, 윤민지
기획개발실 강소라, 김유경, 강동욱, 박인애, 류지혜, 최연서
마케팅실 양근모, 권금숙, 양봉호 **온라인홍보팀** 신하은, 현나래, 최혜빈
디자인실 정은예 **디지털콘텐츠팀** 최은정 **해외기획팀** 우정민, 배혜림, 정혜인
경영지원실 강신우, 김현우, 이윤재 **제작실** 이진영
펴낸곳 (주)쌤앤파커스 **출판신고** 2006년 9월 25일 제406-2006-000210호
주소 서울시 마포구 월드컵북로 396 누리꿈스퀘어 비즈니스타워 18층
전화 02-6712-9800 **팩스** 02-6712-9810 **이메일** info@smpk.kr

© 이나모리 가즈오(저작권자와 맺은 특약에 따라 검인을 생략합니다)
ISBN 979-11-94755-46-3 (03320)

- 이 책은 저작권법에 따라 보호받는 저작물이므로 무단전재와 무단복제를 금지하며, 이 책 내용의 전부 또는 일부를 이용하려면 반드시 저작권자와 (주)쌤앤파커스의 서면동의를 받아야 합니다.
- 잘못된 책은 구입하신 서점에서 바꿔드립니다.
- 책값은 뒤표지에 있습니다.

쌤앤파커스(Sam&Parkers)는 독자 여러분의 책에 관한 아이디어와 원고 투고를 설레는 마음으로 기다리고 있습니다. 책으로 엮기를 원하는 아이디어가 있으신 분은 이메일 book@smpk.kr로 간단한 개요와 취지, 연락처 등을 보내주세요. 머뭇거리지 말고 문을 두드리세요. 길이 열립니다.